行政事业单位
财务管理与会计核算

潘玉涛　曹委员　许杨杨 ◎主编

延边大学出版社

图书在版编目（CIP）数据

行政事业单位财务管理与会计核算 / 潘玉涛，曹委员，许杨杨主编 . -- 延吉：延边大学出版社，2022.12

ISBN 978-7-230-04419-6

Ⅰ . ①行… Ⅱ . ①潘… ②曹… ③许… Ⅲ . ①行政事业单位—财务管理—研究—中国②行政事业单位—会计—研究—中国 Ⅳ . ① F812.2

中国版本图书馆 CIP 数据核字（2022）第 238412 号

行政事业单位财务管理与会计核算

主　　编：潘玉涛　曹委员　许杨杨
责任编辑：侯琳琳
封面设计：星辰创意
出版发行　延边大学出版社
社　　址：吉林省延吉市公园路 977 号　　　邮　编：133002
网　　址：http: //www. ydcbs. com　　　E-mail：ydcbs@ydcbs. com
电　　话：0433-2732435　　　传　真：0433-2732434
印　　刷：天津市天玺印务有限公司
开　　本：787 毫米 ×1092 毫米　　　1/16
印　　张：10.25
字　　数：200 千字
版　　次：2022 年 12 月第 1 版
印　　次：2024 年 3 月第 2 次印刷
书　　号：ISBN 978-7-230-04419-6

定　　价：58.00 元

前　言

　　随着我国公共财政体制的逐步建立和完善，行政事业单位的财务管理也在发生变化，其中的会计核算也在不断调整和改革。《事业单位财务规则》（中华人民共和国财政部令第108号）、《政府会计准则——基本准则》（中华人民共和国财政部令第78号）、《政府会计制度——行政事业单位会计科目和报表》（财会〔2017〕25号）等一系列新的财会法规、制度的出台，标志着中国行政事业单位会计准则体系建设取得了积极进展，统一、科学、规范的政府会计准则体系初步建立。这些改革不仅为完善中国特色社会主义市场经济体制、构建公共财政框架、推动政府职能重新定位、满足立法机构和审计机构等部门对会计信息的要求奠定了坚实的基础，同时也对各级行政事业单位的财务管理和日常核算提出了新的要求。

　　笔者首先对行政事业单位的财务管理和会计核算的基本概念做了简单分析，对行政事业单位的预算、收支、采购和资产管理进行了详细的阐释；其次，对行政事业单位的财务分析和监督做了讨论，探讨了财务分析的基本方法；再次，从理论角度剖析了行政事业单位会计的基本核算方法；最后，对行政事业单位的收入、支出和资产核算做了详尽的介绍。

　　财务管理和会计核算是行政事业单位财务工作的重要支柱，也是其运营的核心。同时，金融运行机制的转变、金融关系的复杂性、金融优先事项的转移、融资渠道的扩大、收支性质的改变等，都要求行政事业单位要更加重视财务管理和会计核算。本书语言简练，逻辑有层次，对我国行政事业单位的财务管理和会计核算进行了比较深入的研究和分析，系统地讨论了行政事业单位财务管理和会计核算的主要内容，探讨了行政事业单位财务工作的重点和难点，能够帮助相关工作人员增强实践意识，也能够促进行政事业单位收支管理规范化，提高财政资金的使用效率，帮助行政事业单位财务人员充分掌握财政改革政策，不断地提高自身业务水平和质量。

CONTENTS 目录

第一章　绪　　论

第一节　行政事业单位财务管理概述

行政事业单位财务管理是指对行政事业单位的财务活动所进行的预算、控制、分析、考核等的总称。

一、行政事业单位财务管理的基本原则

（一）量入为出、保障重点、兼顾一般

行政事业单位的性质决定了其主要资金来源是财政预算拨款。由于国家财力有限，行政事业单位对资金的需求和与财政供给之间的矛盾将长期存在，而且行政经费的支出属于消费性支出，应当抑制其支出过快增长，以达到节约资金的目的。为了合理使用行政经费，使有限的资金最大限度地发挥作用，行政事业单位应按照各项工作的轻重缓急分清主次先后，本着节约、高效的原则，保证行政事业单位的重点支出，兼顾一般支出，压缩非必要的开支。

（二）厉行节约，严禁奢侈浪费

艰苦奋斗，勤俭节约，是我党的优良传统。从经费来源上讲，行政事业单位的经费来自国家税收，只能用于纳税人管理和服务所必需的消耗，这就要求行政事业单位要本着对人民高度负责的精神，厉行节约，严禁奢侈浪费，充分提高资金的使用效益。从行政事业单位的性质上讲，行政事业单位在国家政治、经济生活中处于十分重要的地位，其行为对各方面都会产生极强的"示范"效应。

（三）降低行政成本

行政成本过高，不仅是对社会财富的巨大浪费，而且直接影响着党和政府在群众心中的形象，影响着党群、政群、干群关系。因此，应努力降低行政成本，保障和改善民生，推进各项社会事业的快速发展，稳定经济增长和调整经济结构，严格控制机构和人员编制，减少非正常的公务性支出，进而控制行政经费等一般性支出，从各个环节入手，寻求降低行政成本、提高资金使用效率的途径。

（四）注重资金使用效益

虽然行政事业单位取得的财政资金是无偿的，支出不求直接回报，但并不意味着其可以不讲求资金的使用效益。讲求资金使用效益的方法不是企业的成本考核、盈亏计算等，而是采用定员定额的预算管理方式。

二、行政事业单位财务管理的主要任务

（一）科学、合理地编制预算

行政事业单位需要科学、合理地编制预算，严格按照预算执行，完整、准确、及时地编制决算，真实地反映单位财务状况。行政事业单位预算是行政事业单位顺利行使其职能、圆满完成各项工作任务的重要保证，也是单位财务管理工作的基本依据。因此，行政事业单位应当按照量入为出、收支平衡、保证重点、兼顾一般的原则编制单位预算，不得编制赤字预算。单位预算一经批准，就要严格执行，并根据单位预算的执行结果编制单位决算，真实地反映本单位的财务收支和预算执行情况。

（二）建立健全财务管理制度

行政事业单位需要建立健全财务管理制度，实施预算绩效管理，加强对行政事业单位财务活动的控制和监督。

财务管理制度既是行政事业单位开展财务活动的基本依据，也是贯彻落实国家有关法律法规和制度的可靠保障。因此，行政事业单位必须依照有关规定，结合本单位的实际情况，建立健全财务管理制度，实施预算绩效管理，做到有章可循，实现规范化管理。同时，行政事业单位应通过各种财务管理手段，对单位的业务活动进行全面、系统的控制和监督检查，以保证各项业务活动和财务活动合理、有序进行。

（三）加强资产管理

行政事业单位需要合理配置、有效利用、规范处置资产，防止国有资产流失。长期以来，在行政事业单位的资产管理中，存在重钱轻物、重购轻管的思想，造成国有资产不同程度的流失。另外，行政事业单位在配置固定资产时往往随意性较大，存在严重的浪费现象。因此，行政事业单位要按照国家的规定，制定并完善资产管理的具体办法，合理配置、有效利用资产，加强资产管理，防止国有资产的浪费与流失。

（四）编制财务报告

行政事业单位财务报告是主管部门和财政部门了解行政事业单位财务状况的主要信息来源，也是行政事业单位加强内部管理、进行管理决策的重要依据。因此，行政事业单位必须认真做好财务管理的各项基础工作，并按规定的时间和要求编制财务报告。同时，要对一定时期内单位的财务活动进行分析、比较、研究，提高自身财务管理水平。

（五）指导和监督

对行政事业单位所属并归口行政财务管理的单位的财务活动实施指导、监督。对行政事业单位所属并归口行政财务管理的单位是指在行政关系上隶属于行政事业单位、财务关系上归口行政财务管理的、实行独立核算的单位。由于这些单位与行政事业单位的财务关系密切，为了加强对这些单位的财务管理，有关部门需要通过行政事业单位了解、掌握这些单位的财务收支状况，向这些单位传达、贯彻国家有关方针、政策，对其执行国家法律法规和财务制度方面的情况进行监督、指导，使其财务活动有序地进行。

（六）实行内部核算办法

加强对非独立核算的机关后勤服务部门的财务管理，实行内部核算办法。机关后勤服务部门是指由行政机关领导的，为机关工作和职工生活提供服务的单位。机关后勤服务部门的服务工作带有很强的供给制、福利制、"小而全"和封闭式等特点，普遍缺乏核算意识，支出规模过大，加重了行政事业单位的支出负担。因此，必须对其实行内部核算办法，强化机关后勤服务部门的核算意识，提高资金使用效益，减少财政开支。实行内部核算办法是指行政事业单位要考核机关后勤服务部门的费用消耗水平，结合实际情况实行不同的内部结算方式，合理地分担费用。

（七）统一管理

行政事业单位的财务活动在单位负责人的领导下，由单位财务部门统一管理。行政事业单位应当单独设置财务机构，配备专职财务会计人员，实行独立核算。不具备独立核算条件（如人员编制少、财务工作量小等）的单位，可以实行单据报账制度。

三、行政事业单位预算管理

（一）行政事业单位预算的概念及内容

行政事业单位预算是行政事业单位根据其职责和工作任务编制的年度财务收支计划，反映了预算年度内行政事业单位的资金收支规模和结构、资金来源和去向，是行政事业单位财务工作的基本依据。行政事业单位预算由收入预算和支出预算组成。

（二）行政事业单位预算的级次划分

行政事业单位预算管理级次一般分为：一级预算单位、二级预算单位和基层预算单位。

向同级财政部门申报预算的行政事业单位，为一级预算单位；向上一级预算单位申报预算并有下级预算单位的行政事业单位，为二级预算单位；向上一级预算单位申报预算并没有下级预算单位的行政事业单位，为基层预算单位。

一级预算单位有下级预算单位的，为主管预算单位。各级预算单位应当按照预算管理级次申报预算，并按照批准的预算组织实施，定期将预算执行情况向上一级预算单位或同级财政部门报告。但是，值得注意的是，主管预算单位与一级预算单位不是等同的。主管预算单位一定是一级预算单位，但是一级预算单位不一定就是主管预算单位。

（三）行政事业单位预算的管理办法

财政部门对行政事业单位实行收支统一管理，定额、定项拨款，超支不补，结转和结余按规定使用的预算管理办法。具体包括以下三方面内容：

1. 收支统一管理

收支统一管理是指行政事业单位应当将全部收入和全部支出统一编入预算，统一组织实施。

2. 定额、定项拨款

定额、定项拨款是指财政部门确定行政事业单位财政预算拨款的具体方法。定额拨款是指财政部门根据行政事业单位的性质和特点，结合财力状况，按照相应标准确定一个总的拨款数额。定项拨款是指财政部门对行政事业单位为完成其特定的行政工作任务，在基本支出预算之外专门安排的经费拨款。

3. 超支不补，结转和结余按规定使用

超支不补，结转和结余按规定使用是指行政事业单位预算经法定程序核定之后，除特殊情况外，超预算发生的支出，主管预算单位或财政部门不再追加预算；如果形成结转或结余资金，应按照同级财政部门的有关规定执行。

（四）编制行政事业单位预算应综合考虑的因素

编制行政事业单位预算应综合考虑的因素有：年度工作计划和相应支出需求；以前年度预算执行情况；以前年度结转和结余情况；资产占有和使用情况；其他因素，如预算期内各类人员的变动情况、预算期内新出台的政策对收支的影响情况等。

（五）行政事业单位预算编报和审批程序

行政事业单位预算编报和审批程序为：行政事业单位测算并提出预算建议数，逐级汇总后报送同级财政部门；财政部门审核行政事业单位提出的预算建议数，下达预算控制数；行政事业单位根据预算控制数正式编制年度预算，逐级汇总后报送同级财政部门；经法定程序批准后，财政部门批复行政事业单位预算。

行政事业单位应当按照收支平衡的原则，严格执行预算，合理安排各项资金，不得超预算安排支出。在执行中，原则上预算不予调整，因特殊情况确需调整预算的，行政事业单位应当按照规定程序报送审批。

（六）行政事业单位决算

行政事业单位决算是指行政事业单位根据预算执行结果编制的年度报告。行政事业单位应当按照规定编制决算，逐级审核汇总后报同级财政部门审批。行政事业单位应当加强决算审核和分析工作，规范决算管理工作，保证决算数据的完整、真实、准确。

第二节　行政事业单位会计核算概述

一、会计与行政事业单位会计

（一）会计的组成体系

会计是伴随人类生产实践和经济管理的客观需要而产生并发展的一项管理活动，是随着生产的发展，逐渐从生产职能中分离出来的一种管理职能。会计的本质是对一定单位的经济业务事项进行确认、计量、记录和报告，并通过所提供的会计资料，做出预测，参与决策，实行监督，以实现最优经济效益的一种管理活动。会计按其核算、监督的对象以及适用范围划分，可分为企业会计和预算会计两大体系。

企业会计，也称为营利性组织会计，是以资本循环为中心，以营利为目的，以成本核算为重点，用以核算和监督各类企业的生产经营活动中资金运动过程和结果的专业会计。

预算会计，目前理论界也称其为政府与非营利组织会计或非营利性组织会计。它是以预算管理为中心，不以营利为目的，以预算收支核算为重点，用于核算和监督各级政府、行政单位和事业单位预算资金运动以及经营收支过程和结果的专业会计。预算会计由财政总预算会计、行政单位会计和事业单位会计组成；政府会计由各级政府总预算会计和各级各类行政事业单位会计组成；非营利组织会计由行政事业单位会计和非公立行政事业单位会计组成。

（二）行政事业单位会计的概念

行政事业单位会计是全面、系统、连续地记录行政事业单位资金运动过程，反映和监督行政事业单位执行国家预算情况的会计。

二、行政事业单位会计的职能

行政事业单位会计具有会计核算和会计监督两项基本职能。

（一）会计核算职能

会计核算是会计对经济业务事项的确认、计量、记录、计算和报告的工作过程。会计确认是一种定性工作，是确定单位发生的经济业务事项是否作为会计要素加以记录和列入报表的过程；会计计量是一种定量工作，是用货币或其他量度单位计算各项经济业务事项和结果的过程；会计记录是用专门的会计方法在会计凭证、会计账簿、会计报告中登记经济业务事项的过程；会计计算是在记账的基础上，对单位一定时期的收入、支出和一定时期的资产、负债、净资产进行计算的过程；会计报告是确认、计量、记录、计算的过程，即在计算的基础上，对单位一定时期的财务状况、经营成果，以财务会计报告的形式向有关方面进行报告的过程。

（二）会计监督职能

会计监督是会计对经济业务事项的合法性、真实性、准确性、完整性进行审查的过程。合法性是指会计确认经济业务事项或生成会计资料的程序必须符合会计法律法规和其他相关法律法规的规定；真实性是指会计计量、记录的经济业务事项必须是实际发生或按规定生成的会计资料，避免会计资料因人为因素而失真；准确性是指生产经营过程中产生的各种会计资料所记录的会计数据之间应当吻合；完整性是指在会计核算过程中形成和提供的各种会计资料应当齐全。

会计的两项基本职能是相辅相成的。会计核算是会计监督的基础，会计监督是会计核算的保证。

三、行政事业单位会计假设

会计假设即会计基本假设,是指会计人员对会计核算所处的变化不定的环境和某些不确定的因素,根据客观的、正常的情况或趋势所做出的合乎情理的判断。会计假设是组织会计核算工作应当明确的前提条件,也称会计核算的前提条件。行政事业单位会计核算的基本前提包括会计主体、持续运行、会计分期和货币计量四个方面。

(一)会计主体

会计主体是指行政事业单位会计工作特定的空间范围。行政单位会计的会计主体是会计工作为之服务的行政单位,如教育局、公安局等;事业单位会计的会计主体是会计工作为之服务的事业单位,如学校、医院等。

(二)持续运行

持续运行是指行政事业单位各项业务活动能够持续不断地运行下去,在可预见的未来将正常进行下去。它要求会计人员以单位持续运行为前提进行会计核算,如各项债权在到期时可以收回,发生的债务在到期时承担还款责任,材料可按领用数分期摊销等。

(三)会计分期

会计分期是指将行政事业单位持续运行的时间人为地划分为一定的期间,据以结算账目、编制会计报表,从而及时向有关方面提供会计信息,满足有关方面管理和决策的需要。会计期间至少分为年度和月度。我国的会计年度采用历年制,即每年1月1日至12月31日为一个会计年度。

(四)货币计量

货币计量是指行政事业单位在会计核算中采用货币作为统一计量单位。以货币为计量尺度是由货币计量的综合性决定的。在世界存在多种货币的情况下,我国行政事业单位会计以人民币作为记账本位币。如果发生外币收支,应当按照中国人民银行公布的当日人民币外汇汇率折算为人民币核算。

四、行政事业单位的会计信息质量要求

会计信息质量要求是指进行会计核算必须遵循的基本规则和要求，是指导会计工作的规范和衡量会计工作成败的标准，对会计核算具有重要的指导意义。

（一）可靠性要求

可靠性要求也称真实性要求，是指行政事业单位应当以实际发生的经济业务或事项为依据进行会计核算，如实反映预算单位财务和政府财政的收支状况和结果，保证会计信息真实可靠。可靠性要求会计人员切实做到会计信息内容真实、数字准确、资料可靠、项目完整、手续完备，并贯穿会计核算的各个环节。可靠性要求是对会计核算工作和会计信息的基本质量要求。

（二）相关性要求

相关性要求也称有用性要求，是指行政事业单位会计提供的信息应当与行政事业单位受托责任履行情况的反映以及会计信息使用者的管理、监督、决策需要相关，有助于会计信息使用者对行政事业单位过去、现在或未来的情况做出评价或预测。相关性以可靠性为基础，要求单位所提供的会计信息符合国家宏观经济管理的要求，满足上级主管部门及有关方面了解其财务状况和收支情况的需要，有利于单位内部加强管理。

（三）可比性要求

可比性要求是指行政事业单位会计核算应当按照规定的会计处理方法进行，同类会计指标应当口径一致、互相可比。可比性要求的目的是要解决同类会计在不同主体之间会计信息的横向比较问题，只有按照准则、制度规定的方法，才能达到相互可比的程度。同一单位不同时期发生的相同或相似的经济业务或事项，应当采用一致的会计政策；不同单位发生的相同或相似的经济业务或事项，应当采用统一的会计政策。

（四）全面性要求

全面性要求，也称完整性要求，是指行政事业单位应当将发生的各项经济业务或事项全部纳入会计核算，确保会计信息能够全面完整地反映行政事业单位的财务状况和预算执行情况。凡与会计信息使用者决策相关的有用信息都应当被充分披露，行政事业单位不能随意遗漏或减少应予披露的信息。

（五）及时性要求

及时性要求是指行政事业单位的各项经济业务，应当按时限要求及时进行会计核算，以便会计信息及时被利用。会计人员应及时依据原始凭证编制记账凭证，据以登记账簿，并按规定时日编制会计报表，不得拖延和积压。

（六）明晰性要求

明晰性要求也称可理解性要求，是指行政事业单位会计的记录和报告应当清晰明了，便于信息使用者理解和运用。根据明晰性要求，会计人员应做到：从凭证、账簿到报表，从数字、文字到图式，从注释、签章到审核各个环节和步骤，都要清晰明了、言简意赅、通俗易懂。

（七）实际成本要求

实际成本要求也称历史成本要求，是指各项财产物资应当按照取得或购建时的实际价值核算。除国家另有规定外，一律不得自行调整其账面价值。

（八）配比要求

配比要求是指有经营活动的行政事业单位，其经营支出与相关的收入应当相互配比。行政事业单位在进行会计核算时，收入与其相关的成本、费用应当相互配比；同一会计期间内的各项收入和与其相关的成本、费用，应当在该会计期间内确认。

（九）专款专用要求

专款专用要求是指对于政府预算拨款和其他有指定用途的资金，行政事业单位应当按规定的用途使用，并单独核算反映。

五、行政事业单位会计核算的具体内容

（一）行政事业单位会计的分级

根据机构编制和经费领拨关系，行政事业单位的会计组织系统分为主管会计单位、二级会计单位和基层会计单位三级。

向财政部门领报经费，并发生预算管理关系的，为主管会计单位。向主管会计单位或上级会计单位领报经费，并发生预算管理关系，下面有所属会计单位的，为二级会计单位。向上级会计单位领报经费，并发生预算管理关系，下面没有所属会计单位的，为基层会计单位；向同级财政部门领报经费，下面没有所属会计单位的,视同基层会计单位。以上三级会计单位实行独立会计核算，负责组织管理本部门、本单位的全部会计工作。不具备独立核算条件的，实行单据报账制度，作为"报销单位"管理。

（二）行政事业单位会计的特点

行政事业单位会计是政府与非营利组织会计的重要组成部分，它同财政总预算会计相比，具有下列特点：

行政事业单位业务活动的目的是满足社会公共需要，具有明显的非营利性，资金来源渠道单一，主要是财政拨款。

行政事业单位收支核算必须符合预算管理的要求。

行政事业单位会计核算基础一般采用"收付实现制"，特殊经济业务和事项的核算应当采用"权责发生制"。

行政事业单位一般不进行成本核算。

（三）行政事业单位会计的任务

行政事业单位会计的主要职责是进行会计核算，实行会计监督，其基本任务包括以下几方面：

1. 处理行政事业单位会计的日常核算事务

根据《中华人民共和国会计法》及会计制度的有关规定，及时、认真处理日常会计事项和账务，认真做好记账、算账、报账、用账工作。在核算过程中，必须做到手续完备、账目清楚、数字准确、内容真实，并做到日清月结，及时报送会计报表，提供会计信息，发挥会计在经济建设和政府管理中的作用。

2. 实行会计监督，维护财经纪律

行政事业单位会计在执行预算过程中，要根据党的方针政策和财政财务制度，进行会计监督，保护国家资金和财产物资的安全和完整，坚决反对一切违反财经纪律、铺张浪费、弄虚作假、贪污盗窃等损害国家利益的行为和不良倾向。

3. 认真编制和执行行政事业单位经费预算

行政事业单位会计根据本单位的工作任务、各项计划和开支标准，认真编制行政事业单位经费预算。行政事业单位会计人员通过记账、算账和报账，如实反映单位预算的执行情况，并为有关部门提供经费信息资料。

4. 指导和监督基层会计单位的财会工作

主管会计单位和二级会计单位的会计人员除做好本级的财会工作外，还要定期或不定期地深入基层会计单位进行检查、监督，保证基层会计单位会计核算的质量。

5. 分析考核预算资金的使用效果

行政事业单位会计应运用会计核算资料，检查经费预算执行情况，分析考核预算资金的使用情况，促使单位节约经费，充分发挥预算资金的使用效果。

6. 反映单位预算执行情况，参与业务经营决策

行政事业单位会计人员通过记账、算账和报账，如实反映单位预算的执行情况，参与编制单位预算和计划及本单位的业务经营决策，并为之提供信息。

第三节　行政事业单位会计核算方法

一、会计科目

（一）会计科目的含义及分类

会计科目是对会计要素按其经济内容或用途所做的科学分类。每个会计科目都要规定一定的名称、编号和核算内容，它是设置账户和核算、归集各项经济业务的依据，也是汇总和检查预算执行情况的统一项目。科学地设置和正确地使用会计科目，是做好会计核算工作的重要条件。

行政事业单位的会计科目按其经济内容或用途分为资产、负债、净资产、收入、支出（费用）五大类。

行政事业单位的会计科目按核算层次分为总账科目和明细科目两大类。

（二）会计科目设置的原则

1. 统一性原则

根据政府预算管理和会计核算的需要，行政事业单位会计总账科目的设置、各科目的核算内容范围，必须按照财政部的统一规定执行。国务院各有关主管部门和各省、自治区、直辖市财政部门可以根据本部门、本地区的实际情况做必要的补充规定。基层单位应按照上级的规定执行，不得改变会计科目的名称、编号、核算内容和对应关系。

2. 适应性原则

行政事业单位的会计科目要与《政府收支分类科目》相适应。《政府收支分类科目》是反映政府收入和支出分类的科目。为了正确反映政府资金的流动，行政事业单位在设置有关收支的会计科目时，必须使会计科目的性质、范围和内容与《政府收支分类科目》相适应。

3. 简明性原则

会计科目的设置，既要能全面系统地核算和监督预算资金的执行情况，又要尽量简化核算事务。一级会计科目的设置宜简不宜繁，会计科目的名称和内容力求统一准确、简明扼要、便于运用。

（三）会计科目的使用要求

1. 行政事业单位会计科目的使用要求

为了方便行政事业单位的会计工作，统一核算口径，提高核算质量，财政部根据有关规定制定了会计科目。非经财政部同意，行政事业单位的会计科目不得减并，不需要的科目可以不用。财政部统一规定了会计科目的编号，各单位不要打乱重编，各行政事业单位在使用会计科目编号时，应与会计科目名称同时使用。可以只用会计科目名称，不用科目编号，但不得只填科目编号，不写科目名称。实行内部成本核算的行政事业单位，可根据实际情况自行增设、减少或合并使用某些会计科目。

2. 明细科目的设置

各行政事业单位在全国统一的总账科目下，可根据需要自行设置明细科目。收入类明细科目按《政府收支分类科目》的"支出功能分类"的"项"级科目设置；支出类明细科目按《政府收支分类科目》的"支出经济分类"的"款"级科目设置；往来款项明细科目按结算单位、个人名称或事项设置；财产物资类明细科目按其财产物资的类别或品名设置。

二、记账方法

（一）记账方法的含义

记账方法是指对发生的经济业务采用一定的记账符号、记账方向、记账规则，确定会计分录和登记会计账簿的方法，它是会计核算的基本方法之一。我国行政事业单位会计采用世界通用的借贷记账法。

（二）借贷记账法的概念及内容

1. 借贷记账法的概念

借贷记账法是国际上普遍采用的一种复式记账方法。具体来说，以"借"和"贷"为记账符号，对每一笔经济业务，在两个或两个以上相互联系的账户中进行登记，一个账户记入"借方"，另一个账户记入"贷方"，借贷两方金额相等，用以反映经济活动中资金变动的情况。这种以相等的金额，记入一个账户的"借方"和另一个账户的"贷方"，来全面反映经济业务的方法，就是借贷记账法。

2. 借贷记账法的基本内容

借贷记账法的基本内容包括记账符号、账户分类及其结构、记账规则和试算平衡四个方面。

（1）记账符号

借贷记账法以"借"和"贷"作为记账符号，借贷反映的增减含义因账户的类别不同而有差异。

（2）账户分类及其结构

账户是根据会计科目开设的。账户按会计要素，被划分为五类，即资产、负债、净资产、收入和支出。

资产、支出类账户，增加的记在借方，减少或转销的记在贷方，余额记在借方。资产类账户的结构如表 1-1 所示。

表 1-1　资产类账户的结构

借方	贷方
期初余额 ×××（1）	
本期增加额 ×××（2）	本期减少额 ×××（3）
期末余额 ×××（4）	

注:（4）=（1）+（2）-（3）

负债类账户的期初余额在贷方，与在资产负债表中排列的方向一致；本期增加的记在贷方，即同余额相同的方向；本期减少的记在借方，即同余额相反的方向；期末余额在贷方。负债类账户的结构如表 1-2 所示。

表 1-2 负债类账户的结构

借方	贷方
	期初余额 ×××（1）
本期减少额 ×××（3）	本期增加额 ×××（2）
	期末余额 ×××（4）

注：（4）=（1）+（2）-（3）

在实际工作中，还会使用一种双重性质的账户，即兼有资产类和负债类性质的账户，通常用于结算往来业务。对这类账户来说，应收款项增加记在借方，应收款项减少记在贷方；预收款项增加记在贷方，预收款项减少记在借方；期末根据账户余额所在的方向确定其所反映的经济内容。期末余额如在借方，就是应收款项；期末余额如在贷方，就是预收款项。双重性质账户的结构如表1-3 所示。

表 1-3 双重性质账户的结构

借方	贷方
应收款项期初余额 ×××（1）	预收款项期初余额 ×××（5）
应收款项增加额 ×××（2）	应收款项减少额 ×××（6）
预收款项减少额 ×××（3）	预收款项增加额 ×××（7）
应收款项期末余额 ×××（4）	预收款项期末余额 ×××（8）

注：（4）=（1）+（2）-（3） （8）=（5）+（6）-（7）

三、会计凭证

（一）会计凭证的含义

会计凭证是记录经济业务，明确经济责任，作为记账依据的书面证明。它是登记账簿的依据，也是监督预算执行的重要环节。设置会计科目，确定记账方法，是为了正确地分类和记录预算资金的收支活动情况。但是，有了会计科目和记账方法，还不能记账，还必须要有会计凭证作为记账的依据。因此，任何一项经济业务都应当取得或填制会计凭证，只有根据合法的会计凭证，才能记账。

（二）会计凭证的分类

会计凭证按其填制程序和用途不同，分为原始凭证和记账凭证。

1. 原始凭证

原始凭证是经济业务发生时必须立即取得或填制的凭证，是发生会计事项唯一合法的证明，是会计核算的基础。原始凭证按其来源不同，可以分为外来原始凭证和自制原始凭证。外来原始凭证是指在经济业务发生或完成时，从其他单位或个人处直接取得的原始凭证；自制原始凭证是指在经济业务发生、执行或完成时，由本单位内部经办业务的部门或个人自行填制的，供本单位内部使用的原始凭证。

行政事业单位会计的原始凭证主要有：①收款凭证，即收到各项收入时必须开给付款方的收据；②支出报销凭证，如购物发票、差旅费报销单、领料单、出库单、工资结算单；③往来结算凭证，包括暂存款、暂付款、应收款等往来款项凭证；④银行结算凭证，包括向银行送存现金的凭证、现金支票、转账支票、信汇、付款委托书和汇票等；⑤预算拨款凭证，如上级单位对所属单位拨付经费，采用划拨资金办法的，应填写银行印制的"付款委托书"或"信汇委托书"；⑥材料收发凭证，如入库单、出库单；⑦其他足以证明经济业务事项发生经过的凭证和文件等。

会计人员要认真审核各种原始凭证，经过审核无误的原始凭证，才能作为编制记账凭证的依据。原始凭证是具有法律效力的证明文件，是进行会计核算的重要原始依据，因此，在填制原始凭证时应坚持记录真实、内容完整、填制及时、书写清楚的原则。原始凭证的审核是一项十分细致而又严肃的工作，必须坚持原则，照章办事。对不合法、不合规、不合理的收支原始凭证，会计人员有权不予办理。如发现伪造和涂改凭证、弄虚作假、虚报冒领、偷税漏税及其他违法乱纪行为，应及时向领导汇报，对其进行严肃处理。对于手续不完备、计算有差错、填写不清楚的原始凭证，应退还给经办部门或人员补齐手续或进行更正。原始凭证经审核无误后，才能作为编制记账凭证和登记明细分类账的依据。

2. 记账凭证

记账凭证是由会计人员根据审核无误的原始凭证，按照经济业务的性质加以归类整理，并作为确定会计分录，据以登记账簿的凭证。其作用在于对原始凭证进行归类整理，运用账户和复式记账方法，编制会计分录，直接据以记账。

（1）记账凭证的格式

行政事业单位记账凭证的格式主要包括收款凭证、付款凭证和转账凭证三种。经济业务不多的预算单位可采用通用记账凭证，其格式与转账凭证基本相同。

（2）记账凭证的内容

记账凭证应具备以下基本内容：填制单位的名称，凭证的名称和编号，填制凭证的日期，经济业务的摘要，应记会计科目、方向和金额，过账的标记，所附原始凭证的张数，凭证应具备的有关人员的签章。

（3）记账凭证的编制方法

记账凭证一般应根据原始凭证反映的经济业务的性质、时间来编制。对当天发生的同类经济业务，可以适当归并后编制一张记账凭证，但同日的不同类经济业务和不同日的经济业务，不能合在一起编制一张记账凭证。

记账凭证应按月根据凭证的类别连续编号。每月都从1号编起，顺序不间断地编至月末。可按通用记账凭证一个序列，收款、付款、转账三个序列，或者现收、现付、银收、银付和转账五个序列进行编号。一笔经济业务需要编制两张或者两张以上的记账凭证，可采用分数编号法编号。

记账凭证是会计人员根据审核无误的原始凭证或原始凭证汇总表汇总、整理并填制的。记账凭证除结账和更正错误外，必须附有所登记经济业务的原始凭证，如果一张原始凭证涉及几张记账凭证，可将原始凭证附在一张主要记账凭证后面，在其他记账凭证上注明附有原始凭证的记账凭证编号。如果一张原始凭证中所列的费用应由几个单位共同负担，该原始凭证可由其中一方保存，保存原始凭证的单位应向其他付费单位开具分割单，作为对方的原始凭证。

四、会计账簿

（一）会计账簿的含义及分类

行政事业单位的会计账簿是由具有一定格式的账页组成的，以会计凭证为依据，全面、系统、连续地记录行政事业单位资金运动及其结果的簿记。行政事业单位会计账簿一般可分为总账、明细账和日记账三种。

1.总账

总账是按照制度规定的会计科目设置的，用来记录资产、负债、净资产、收入和支出各类所属科目增减和结存总括情况的账簿。利用总账能全面、系统和综合地反映预算资金、单位资金运动情况，编制资产负债表，控制和核对各种明细账。总账常采用三栏式账簿的格式。

2.明细账

明细账是按照规定的明细科目和核算需要设置的，是对总账科目进行明细核算的账簿。明细账一般采用三栏式或多栏式的格式。明细账主要包括收入明细账、支出明细账、往来款项明细账等。

3.日记账

日记账又称序时账，是按经济业务发生的先后顺序连续进行登记的账簿。日记账主要有库存现金日记账和银行存款日记账两种。日记账一般采用三栏式订本账的格式，不能采用活页账的格式。

（二）会计账簿的使用要求

为了规范会计核算的手续、明确记账人员的责任、提高会计核算的质量，会计人员应按照统一的要求使用账簿。

会计账簿的使用一般以每一会计年度为限。每一账簿启用时，应首先在账簿扉页及附页上填写"经管人员一览表"和"账簿目录"。

账簿必须按照编定的页数连续记载，不得隔页、跳行。如因工作疏忽发生跳行或隔页，应当将空行、空页画线注销，并由记账人员签名或盖章。

手工记账必须使用蓝、黑色墨水书写，不得使用铅笔、圆珠笔。红色墨水除登记负数时使用外，只能在画线、改错、冲账时使用。

登记账簿要及时、准确，日清月结，文字和数字的书写要清晰整洁。

会计账簿应根据已经审核无误的会计凭证登记。记账时，将记账凭证的编号记入账簿内；记账后，在记账凭证上用"√"注明，表示已登记入账。

各种账簿记录应按月结账，结出本月合计数和本月止累计数。

（三）会计账簿的错误更正

账簿记录中可能发生各种各样的错误，如填制凭证或记账时发生的笔误、错用会计科目、过账错误或核算错误等。由于发生错误的具体情况不同，发生错误的时间先后不同，更正错误的方法也不尽相同，因此可根据情况采用画线更正法、红字更正法和补充登记法更正。

（四）会计账簿和账务处理程序

账务处理程序也称会计核算形式或会计核算组织程序，是一定的账簿组织、记账程序和记账方法相互结合的方式。账务处理程序的基本模式可以概括为：原始凭证→记账凭证→会计账簿→财务报表。行政事业单位会计通常采用记账凭证账务处理程序或科目汇总表账务处理程序。

记账凭证账务处理程序是直接根据记账凭证逐笔登记总分类账的一种账务处理程序。记账凭证账务处理程序一般适用于规模较小、经济业务量小、凭证不多的行政事业单位。

科目汇总表账务处理程序是根据原始凭证（或原始凭证汇总表）填制记账凭证、根据记账凭证定期编制科目汇总表、根据科目汇总表登记总分类账的一种账务处理程序。科目汇总表账务处理程序一般适用于规模较大、经济业务量大、凭证较多的行政事业单位。

五、财务报表

（一）财务报表的作用

行政事业单位财务报表是反映行政事业单位一定期间内财务状况和收支情况的书面文件，是年终会计决算报告的重要组成部分。行政事业单位财务报表的主要作用有以下几方面：

第一，各单位利用财务报表及其他有关资料，可以分析和检查单位预算的执行情况，发现预算管理工作中存在的问题，以便采取有效措施，改进预算管理工作，提高预算管理水平。

第二，各级主管部门利用下级单位的财务报表，可以考核各单位执行国家有关方针政策的情况，督促各单位认真遵守财经制度与法规，维护财经纪律。主管部门对全系统的会计报表汇总，还可以分析和检查全系统的预算执行情况，提高全系统的预算管理水平。

第三，单位、国库等报来的财务报表，可以全面地反映预算资金收支活动及其结果，可以检查和分析国家预算执行情况，为上级领导和财政部门了解情况、掌握政策、指导工作提供必要的经济信息，为单位改善经营管理和服务提供信息。

（二）财务报表的编制原则

为了充分发挥财务报表的作用，行政事业单位必须按照财政部门和主管部门统一规定的格式、内容和编制方法编制财务报表。编制时必须遵循"正确、及时、完整"的原则。

1. 数字正确

行政事业单位财务报表必须根据核对无误的账簿记录和所属单位的报表编制、汇总。编制时要以核对无误的会计账簿数字为依据。账表相符是编好财务报表的前提。财政部门和行政事业单位主管部门都要认真审核所属单位的财务报表，发现问题及时纠正，保证财务报表所反映的数字真实可靠。任何人都不能篡改或授意、指使他人篡改财务报表，更不能弄虚作假或任意增减数字。

2. 报送及时

行政事业单位财务报表作为会计信息的书面报告，是各级领导、上级主管部门和财政部门了解情况、掌握政策、指导工作的重要依据，如果失去了时间性，就失去了利用的价值。所以，行政事业单位会计既要及时地记账和结账，也要及时地编制报表，并在规定时间内上报，这样才能有效地发挥报表的作用。

3. 内容完整

行政事业单位会计要按照规定的报表种类、格式和指标认真填报，不能漏报、漏填，规定的栏目或行次不能任意取舍；要注意各种报表之间、各项目之间，凡有对应关系的数字，应该相互一致和相互衔接，以保证报表的内容完整，便于逐级统一汇总。

（三）财务报表的分类

按编报时间不同，行政事业单位财务报表可被划分为月报和年报（决算）。

按反映内容不同，行政事业单位财务报表可被划分为资产负债表、收入支出表、财务报表附注等。

按编制层次不同，行政事业单位财务报表可被划分为本单位财务报表和汇总财务报表。

第二章 行政事业单位预算及收支管理

第一节 行政事业单位预算管理

一、预算业务概述

（一）预算的概念及内容

预算是指本单位各部门依据国家有关政策的规定以及行使单位职能的需要而编制，经本单位财务部门综合计算、全面平衡、审核汇总后，报经同级财政部门按法定程序审核、批准的涵盖本单位各项经济活动及资金收支的综合计划。

财政部门对行政事业单位实行核定收支，给予定额或者定项补助，超支不补，结转和结余按规定使用的预算管理办法。

一般来说，预算包括一般公共预算、政府性基金预算、国有资本经营预算、社会保险基金预算。一般公共预算、政府性基金预算、国有资本经营预算、社会保险基金预算应当保持完整、独立。政府性基金预算、国有资本经营预算、社会保险基金预算应当与一般公共预算相衔接。

部门预算由收入预算、支出预算组成。收入预算包括财政拨款收入、事业收入和其他收入等各项内容;支出预算包括基本支出、项目支出等各项内容,基本支出包括工资福利支出、商品服务支出、对个人和家庭补助支出、基本建设支出等经济分类科目。项目支出按支出用途分别编列到有关项目中。

(二)预算管理相关的法律法规

改革开放以来,特别是 1995 年《中华人民共和国预算法》(以下简称《预算法》)及《中华人民共和国预算法实施条例》(以下简称《实施条例》)施行以来,在党中央、国务院的正确领导下,我国财政制度改革取得了显著成效,初步建立了与社会主义市场经济体制相适应的公共财政制度体系,作为公共财政制度基础的预算管理制度也在不断完善,为促进经济社会持续健康发展发挥了重要作用。深化预算管理制度改革涉及制度创新和利益关系调整,任务艰巨,面临着许多矛盾和困难。行政事业单位要认真落实各项改革措施,合力推进预算管理制度改革。

二、预算控制目标及职能分工

(一)控制目标

建立健全单位的预算管理机制,提高预算管理的制度化、规范化、科学化水平。具体来说,包括建立单位的预算管理制度和流程,确保单位预算管理有章可循、规范有序;设置合理的预算管理组织体系,明确预算业务各环节、各岗位的工作流程、权责划分;明确预算编制的要求和程序,做到预算编制合法合规、准确完整;将预算批复、预算指标分解落实到具体业务部门或岗位;预算调整程序合法合规;预算执行过程可控,建立预算执行情况分析和反馈机制;决算编制真实完整、准确及时,决算分析工作全面有效;加强预算绩效管理,建立起"预算编制有目标、预算执行有监控、预算完成有评价、评价结果有反馈、反馈结果有应用"的全过程预算绩效管理机制。

（二）内部部门分工及职责

1. 预算决策机构（预算编制委员会）

局长 / 院长办公会等也有类似的预算决策职能，本书统一以预算决策机构（预算编制委员会）代替。预算决策机构的具体职责包括：审议本单位与预算相关的管理制度、管理办法和考核标准；审定本单位预算定额标准；审定年度预算编制方案；审议年度预算草案、月度预算草案；审核预算调整方案，审批职权范围内的预算外支出及超预算支出申请事项；审议预算执行情况分析报告；审议本单位决算报告；审议预算考核意见、处理方案。

2. 预算主管部门（财务部门）

预算主管部门（财务部门）具体负责拟定单位预算管理制度、管理办法和工作规范，并监督执行；负责单位年度预算编制、指标平衡、资料收集、汇总上报；统筹平衡单位资金分配，分解下达预算控制数，汇总并审核单位基本及项目经费预算；负责年中预算追加、调整工作；负责单位财政预算资金的批转和下达；组织协调项目评审工作，配合业务处室完成预算项目评审；负责年度预算及重大项目的信息公开工作。

3. 业务部门

各业务部门配合财务部门做好预算的编制工作；具体负责本部门年度、月度预算的编制、执行、控制、分析等工作，严格执行财政部门下达的预算，加强预算自律，严格控制预算外行为；配合做好预算考核工作。此外，业务部门根据部门职能性质归口负责相关项目的审核工作。

三、预算业务管理流程

流程梳理是直观查看单位业务运作过程，并从中发现风险和进行风险控制的基础。预算管理流程主要涉及项目申报、预算编审与批复、预算执行与分析、预算调整、决算、预算考核等内容。

（一）项目申报

1. 流程描述

该流程包括项目申报、项目立项审核环节。单位实施项目库管理，提前1～3年编制项目预算。各业务部门根据财政部门及相关上级业务主管部门专项工作要求，按照所在单位及本部门需要开展项目工作。"谁花钱，谁编制预算"，由业务部门提出项目名称，编制项目申报文本。项目申报文本由项目申报书、项目支出预算明细表、项目可行性报告和项目评审报告（专家论证意见）组成。其中数额较大的项目或专业技术复杂的项目，要附项目可行性报告和专家论证意见。

业务部门根据所申报项目的性质，上报单位归口部门，由归口部门进行统筹审核。归口部门具体管理权限由所在单位确定。归口部门审核通过后，报给财务部门，由财务部门就预算编制的结构、内容及标准进行审核。

财务部门首先对归口部门上报的项目进行筛选，剔除重复申报项目，同时，组织联合会审小组，制作项目评分指标表。会审小组听取各项目主管部门对项目整体情况的介绍后，结合上一年度预算执行情况，现场对各项目进行量化评分。财务部门根据分数高低情况，确定各部门预算申报项目的优先次序。通过后，报给分管领导审核。

2. 流程中的关键节点

业务部门根据项目申报管理要求，编制本部门项目申报材料，由部门负责人进行审核。业务部门对申报项目材料进行分类，分成一般项目和专业技术项目。归口管理部门组织专家，对专业技术类项目进行评审排序。财务部门对项目进行综合平衡、审核排序。分管领导对项目立项情况进行审批。项目经审批后进入项目库，转至编制预算环节。

（二）预算的编审、批复

1. 流程描述

该流程包括预算编制、上报审核、预算控制数下达、内部分解下达、汇总上报审批等环节。预算管理委员会根据财政部门下发的预算编制通知，部署预算编报工作。财务部门具体组织预算编报工作，按照有关规定下发通知，所有业务部门按照通知编制部门预算建议计划。

业务部门按照预算编制要求，结合下一年度部门职能工作计划和资源配置情况，完成本部门预算信息和数据的采录、编制、汇总和审核工作，在规定时间内报给部门负责人审批。部门负责人审核批准后，业务部门将预算建议数基础数据报送财务部门。财务部门作为特定的业务部门，应编制单位人员支出预算、单位层面收支的公用支出等预算，报财务部门负责人审核批准后，形成部门预算初稿。财务部门根据本单位财政拨款收入项、事业收入项和其他收入等项内容，编制单位年度收入预算。编制单位年度收入预算时要按收入类别逐项核定，对事业收入和其他收入要具体到项目和科目。

财务部门对各业务部门提交的预算建议数及申报材料进行初审，汇总、调整部门预算。结合预算年度财力状况，按照"以收定支"的原则汇总，完成对各处室年度支出预算的审核平衡工作，形成单位预算建议数，其中项目预算须被分解到各业务部门。

财务部门将下一年度预算草案提交至预算管理委员会审议批准。财务部门将本单位年度预算报给同级财政业务处室初审。财政部门履行相关批复流程后，下达预算批复。

财务部门收到本单位年度预算方案后，须在指定网站公开本单位年度预算方案。

2. 流程中的关键节点

预算编制流程中的关键节点：单位预算决策机构（预算管理委员会）按照财政部门要求召开会议部署预算编报；财务部门组织本单位预算编报工作，将同级财政部门的编制要求、项目明细进行分解，将相关资料下发给各业务部门；业务部门按照预算编报要求，根据单位实际，提出预算建议数；业务部门负责人对本部门的预算编报资料进行审核，审核通过后报给财务部门；财务部门对各业务部门申报材料进行审核、汇总，形成单位预算建议数；预算管理委员会对预算建议数进行审核；同级财政部门对单位预算进行审核，依据内部批复流程，下达预算控制数。

预算批复流程中的关键节点：同级财政下达预算控制数；单位财务部门对预算控制数进行分解，形成预算控制方案；预算管理委员会对单位及内部各业务部门预算控制方案进行审批；业务部门按照预算控制方案，细化本部门预算草案；财务部门汇总、平衡单位预算草案；预算管理委员会对本单位预算草案进行审核；同级财政部门对单位预算草案进行审核，依据内部管理流程，下达年度预算。

（三）预算执行与分析

1. 流程描述

该流程包括预算执行、预算执行分析环节。各业务部门应将预算作为预算期内全部业务活动的基本依据，并根据月度预算于每月月末编制次月资金收支计划，报给分管领导审核，审核未通过的由各业务处室重新编制，通过后则报给财务部门。财务部门对各业务部门的每月资金收支计划进行整理汇总，结合单位层面资金收支计划，形成本单位月度资金收支计划，报送预算管理委员会进行审议；审议通过后的月度资金收支计划作为各业务部门的预算执行依据，财务部门据此为依据进行资金的支付，对各业务部门的预算执行情况进行控制。

单位各业务部门根据预算执行情况，按月编制预算执行情况分析报表。对预算执行差异较大的项目要进行重点分析，并写出文字说明，每月按时报送财务部门。财务部门汇总各业务部门预算分析表，编制本单位整体预算分析表及说明，于每季度将预算执行情况汇报给相关领导。预算管理委员会每季度召开预算执行情况分析会，对预算执行情况进行分析，以便全面掌握预算执行情况。研究解决预算执行中存在的问题，提出改进措施，形成预算执行控制措施，纠正预算执行偏差。

2. 流程中的关键节点

业务部门按月编制部门资金收支计划，经部门负责人审核批准后报财务部门汇总。按照批准后的月度资金收支方案执行预算；财务部门按月汇总各部门资金收支计划，形成单位预算收支计划方案，报给分管领导及预算管理委员会审批；审批同意后形成单位月度资金收支计划；分管领导审批单位月度预算收支；预算管理委员会审批单位月度预算收支；业务部门按照要求形成部门预算执行分析报告，经部门负责人审核后上报；财务部门汇总形成单位预算执行分析报告，报给分管领导、预算管理委员会审批；分管领导、预算管理委员会分别审批单位预算执行分析报告，提出意见。

（四）预算调整

1.流程描述

该流程包括申请预算调整、预算调整批复环节。在预算执行过程中，因项目预算内容变化需要调整的，可在本单位内部项目之间进行调整。由业务部门提交预算调整申请，财务部门编制内部项目预算调整方案，提交至预算管理委员会审核，审批通过后执行。

项目预算一经批复，一般不得擅自调整。预算在执行过程中，因项目发生终止、撤销、变更等引起预算调整的，应及时通知财务部门，并按规定程序重新申报。

2.流程中的关键节点

业务部门根据工作实际提出追加、调整预算申请，填写预算追加调整申请资料；单位财务部门对业务部门的预算追加资料进行审核，出具审核意见，审核通过后汇总上报；预算管理委员会对单位及单位预算调整预算方案进行审批，并根据政策制度要求判断是否上报给同级财政部门审批；财政部门按程序对单位预算追加调整方案进行权限内审批；财政部门按政策规定同意单位预算追加调整方案，下达预算追加调整数；财务部门按要求调整预算，内部下达追加调整批复；业务部门落实追加调整预算指标。

（五）决算

1.流程描述

该流程包括决算草案编制、决算审批、决算报告环节。财务部门根据财政部门统一要求的年度决算模板，据实填写年度决算信息，财务部门负责人审核后，报给分管领导、单位负责人审批签字，再提交同级财政业务部门批复。在预算执行过程中，内部各业务部门及时将预算完成情况相关信息及资料通知或报送给财务部门，以便真实、准确地进行年度决算。

预算管理委员会对本单位决算草案进行审核，并向财政部门报批。财政部门审批单位决算草案，形成决算报告。单位财务部门按要求进行决算公开，将相关信息反馈至业务部门，作为绩效评价和编制下一年度预算的基础。预算管理委员会接受决算报告，以决算数据作为绩效评价的基础资料。

2. 流程中的关键节点

财务部门组织决算编报工作，与业务部门进行内部账务核对，形成决算准备资料；业务部门按要求协助统计相关决算资料；财务部门形成单位决算草案；预算管理委员会对本单位决算草案进行审核；财政部门审批单位决算草案，形成决算报告；财务部门按要求进行决算公开；预算管理委员会接受决算报告，以决算数据作为绩效评价的基础资料。

（六）预算考核

单位应当建立健全预算考核评价制度，科学设计预算考评指标体系，按照公开、公平、公正的原则认真实施预算考核，不断完善预算绩效考核全过程管理机制。单位应当加强预算绩效管理，建立"预算编制有目标、预算执行有监控、预算完成有评价、评价结果有反馈、反馈结果有应用"的全过程预算绩效管理机制。

1. 流程描述

该流程包括绩效考评表审核、结果反馈环节。单位制定考核指标并下发通知，明确预算考核的频率（季度考核、年度考核）及预算考核指标。

财务部门将业务部门提交的《预算执行情况分析报表》与相应预算指标进行核对，将考核结果进行汇总、整理，提出预算考核评价与考核建议，编制预算考核报告，分管领导对预算考核报告内容进行审核，单位负责人对预算考核意见进行审核，上报给考核工作领导小组审批，经审批的预算考核报告提交财务部门，进行奖惩处理。

2. 流程中的关键节点

财务部门加强预算执行的监督管理，对预算执行情况进行分析汇总，形成预算执行报告、内部绩效评价报告；业务部门配合做好预算执行情况的资料提供及反馈工作；预算管理委员会对单位及单位预算调整、预算执行报告、内部绩效评价报告进行审核，审核后上报给同级财政部门审批；财政部门按程序对单位预算绩效考评情况进行审批，形成绩效考评结果报告；财务部门接受考评结果，相应改进预算管理工作；业务部门接受考评结果，相应改进本部门预算管理工作；预算管理委员会下发绩效考评结果，并组织结果应用工作。

四、预算业务管理风险点及内部控制措施

（一）预算业务管理风险点

1. 预算业务组织管理体系的风险点

预算管理意识薄弱，组织体系不健全，未有效建立完整的预算管理体系，包括预算组织、预算编审、预算执行及考核具体办法等；未根据政策变化和业务发展进行及时修正和完善；制度设计和运行间有偏差，有制度不执行或执行不到位；单位支出定额标准体系不完善，可能导致预算管理工作薄弱、预算管理无据可依、预算执行质量差、全员参与度不够的情况。

预算管理组织机构、预算岗位未设置或者设置不合理、职责分工不明确；不相容岗位未分离，人员配备不足，关键岗位人员缺乏足够的胜任能力，可能导致工作人员不具备预算的专业知识和技能。制定的预算方案质量达不到初设要求，导致预算违法、违规。

预算相关部门和岗位缺乏有效沟通，可能导致单位内部各机构之间在预算管理工作上不协调、相互推诿，降低预算管理效率。

单位预算不公开透明，没有按照国家相关法律法规的要求细化公开预算内容，不利于社会监督，预算资金的效率和效果难以判定。

2. 项目申报环节的风险点

项目立项审核不严谨，导致项目立项重复申报、项目立项依据不充分；项目申报程序不规范、相关信息不公开，导致暗箱操作等舞弊行为出现；项目未经科学论证，内容编制不科学，无法执行或造成财政资金浪费；没有充分考虑资源配置，可能导致在安排项目资金时重点不突出，缺乏合理性。

3. 预算编制、批复环节的风险点

预算编制方法不科学，可能导致预算编制数据缺乏科学性、合理性，脱离实际；预算编制依据不充分，不符合国家相关法律法规、行业制度的要求；预算收支和组织的年度目标和职能相脱离，不符合实际情况；预算编制与实际存在较大偏差；预算编制不真实、虚报预算，未根据下一年度发展规划以及坚持实事求是、精打细算的原则进行编制，而是任意虚列项目、虚报金额，骗取预算资金。

全员预算未落实，由财务部门大包大揽，预算执行机构的参与度低，预算编制不完整，可能导致业务活动与相应的资金支持脱节；单位资金预算的编制内容不完整，不符合政府收支分类科目编制要求，导致编制质量不高。

预算编报程序不规范，预算建议数方案不合理，预算控制数下达不及时，资金分配不合理，可能导致预算不准确，脱离实际；预算指标体系设计缺乏全面性，没有侧重点，不能有效约束单位经济活动；预算编制不够具体，可能导致预算缺乏可操作性；编制预算与具体工作脱节，事前没有进行足够的调查、研究和论证工作，受预算编制时间紧、任务重的影响，预算编制质量不高，导致预算权威性不足，执行力不够。

预算编报程序不规范，未经单位领导集体决策；预算未经审批或超出授权范围批复下达，可能导致预算目标与单位战略发展目标、年度工作计划脱节。

预算控制数的内部分解方案不合理，程序不规范，可能导致预算指标无法有效执行；对预算控制数的分解不够细化，导致预算口径较粗，使预算批复无法实现细化管理的目的。

4. 预算执行环节的风险点

预算执行的审批权限不明晰，审批手续不完备，未建立或未严格执行支出授权审批制度；经办部门、人员执行申请的时机判断不明确，导致预算执行的随意性。

预算的执行过程中没有严格按照预算批复的额度和开支范围安排各项收支，导致预算执行与预算指标不符，支付进度不合理，资金收支随意性较大，影响预算的严肃性，如违规收取或使用其他收入，支出不符合规定的范围和标准，支出单据凭证不完整、不真实，使用虚假票据套取资金，形成"小金库"等；随意调整预算，无预算或超预算支出。

预算执行过程中缺乏有效监控，在执行中随意调整预算，基本预算支出和项目预算混用，导致批复的预算没有按预期用途有效实施；预算执行不力，预算控制缺乏刚性，导致财政资金使用效率低下；未使用政府采购、招投标等法定方式，未签订合同或签订不合理合同，不按规定方式付款；项目投入资金成本与实际效益没有根据成本效益原则进行比较分析，资金使用效率不高。

预算执行未建立定期或不定期分析报告制度，预算执行没有进行有效沟通，财务人员不了解项目的进度，技术管理人员不了解预算执行情况，可能导致预算执行进度偏快或偏慢，进而可能削弱预算执行控制的效果，无法及时发现预算执行中存在的问题，导致预算执行出现较大偏差。

缺乏预算预警，缺乏对执行进度的把握，无法及时发现预算执行中出现的问题，导致预算执行偏差越来越大，事后监督滞后。

5. 预算调整环节的风险点

预算审批权限不明晰，对于预算追加调整审批的授权审批界定标准不明确，审批权限配置不合理，可能导致追加调整的随意性；预算调整程序不合理，调整效率低，影响预算调整的及时性，可能导致预算调整行为约束不足，预算资金的控制难度加大；预算追加调整发起不受约束，频繁发生、项目评估不严谨，造成预算追加调整随意，可能导致预算失去严肃性和约束力。

6. 决算环节的风险点

单位可能只重视会计核算，对决算与决算分析不够重视，决算与预算统计口径不一致，不能及时反映预算执行情况，导致决算与预算不符，影响预算的严肃性；决算审核方式单一、审核形式不合理、审核内容不全面，导致决算审核流于形式；未完全按照相关规定编制、审核决算报表，存在违规行为；决算数据不真实、不准确，导致使用决策数据的部门决策失误。

财务部门缺乏与业务部门的沟通，导致决算信息编报不完整、不及时，决算信息可靠性差，影响下一年度预算工作的开展；缺乏对决算数据的分析和应用，仅仅将决算作为年度预算管理的重点，而没有对决算数据加以分析和利用，导致决算数据利用价值不高。

7. 预算考核环节的风险点

绩效评估流于形式，预算单位未根据单位实际情况进行绩效跟踪、定期预算绩效评估，预算考评机制不健全，或未得到有效实施；单位仅仅于年终决算之后进行绩效评价，而不能在预算管理全过程中利用绩效评价来促进预算管理工作的改进，缺乏对预算执行过程的监控，导致对预算执行情况的评价不规范、不科学。

绩效评估指标不科学、不完善，单位进行预算绩效评估，将预算资金执行率、项目合规性作为衡量预算执行情况的主要指标，而对于预算资金运用的成本与效益缺乏动态、全面的分析与比较，使绩效评估信息缺乏可信性、科学性；没有对财政资金的使用效益等进行考核，考核内容不完整，考核过程不透明，考核标准不合理，可能导致奖惩不到位，严重降低了预算约束力，预算管理流于形式。

预算的绩效评价结果往往被束之高阁，没有反馈到相应的人员和部门，导致绩效评价资源浪费；绩效评价的反馈没有回应，绩效评价的真实作用难以发挥，导致不能真正解决预算管理中存在的问题。

（二）预算业务管理内部控制措施

1.强化意识，全员参与，建立健全预算管理制度

预算管理是一个系统工程，需要单位负责人、财务人员和其他部门人员的共同参与。单位负责人的重视和推动是促进预算管理制度建立和实施的重要因素，其认识和重视水平直接影响内部控制的实施效果。因此，单位负责人应认识到建立健全内控制度的重要性，知晓本单位内部控制工作存在的不足及发展方向，对于内控制度的薄弱环节应重点关注。同时负责人也应多与员工进行交流沟通，了解职工对于建立和实施内部控制制度的意见和建议，促使内部控制制度得到广泛支持，更好地促进预算管理制度的执行。具体来说，应做到以下两方面：

第一，树立预算管理理念，"谁花钱，谁编制预算"，采取措施，充分调动全员参与性。一是定期实行岗位轮换制度。员工在同一工作岗位工作年限过长，就容易产生惰性，对规章制度的执行会流于形式或疏于执行，同时也容易形成人情关系网，容易滋生贪污受贿等腐败行为。二是引进和培养专业人才。在人员招聘选拔录用时，应适当提高专业技能限制，引进经验丰富的高层次人才，促进业务流程优化，提高工作效率，同时加强内部相关工作人员的道德和技能培训，使其保持良好的职业操守和职业道德，熟悉国家预算管理相关的法律法规和规章制度，掌握预算管理各流程的业务知识，为预算管理制度的贯彻执行夯实基础。

第二，强化制度建设。行政事业单位应结合本单位的实际情况，在国家各项法规制度的基础上，制定可操作、适合本单位执行的实施细则或补充规定，强化预算执行的制度硬约束机制建设，全方位扎紧制度笼子；按内控要求健全预算管理相关制度，并将制度覆盖预算管理全部环节，明确工作流程、落实具体责任，从源头上保障预算管理工作的顺利开展；根据经济业务和管理要

求的变化及时调整完善预算管理制度；对制度的执行情况开展定期和不定期的评估，做到"有章必循"；按内控要求设置机构和岗位，使预算的编制与审批、审批与执行、执行与评估等岗位分离；配备具有专业技能的关键岗位人员，开展专业技能和职业道德培训，树立纪律"红线"意识；在关键岗位实行轮岗制度，按规定办理交接和监交手续。

2. 设置预算管理机构，明确预算管理职责

一般情况下，单位应设置预算管理机构，包括预算业务管理决策机构、预算业务管理工作机构、预算业务管理执行机构。其中，预算业务管理决策机构（如预算管理委员会）由单位主要领导、财务部门负责人和相关业务部门负责人组成，定期或不定期围绕预算管理工作召开会议；预算业务管理工作机构一般设在财务部门，负责日常的预算管理工作；预算业务管理执行机构是单位的各个部门。各个部门利用安排的财政资金开展业务工作，执行预算并完成预算控制目标。

在合理设置预算业务岗位的基础上划分预算权限责任、明确工作流程等环节，是开展预算管理工作的基础。其包括以下两个方面：一是建立科学的预算管理岗位职责与制约机制。建立严格的岗位责任制，明确、细化各岗位经济责任，横向岗位设置要坚持相互制衡，不相容岗位相分离原则，纵向岗位设置要建立从上级到下级的分级岗位责任制。二是建立权力制约机制，完善资金审批流程，在关键岗位实行定期轮岗制度。

3. 项目申报及预算编制控制

预算编制环节是预算管理的起点，主要包括各部门申报需求、归口部门汇总审核、财务部门统筹编制、单位领导集体决策及按规定要求上报等步骤。预算编制不是财务部门"闭门造车"，而是需要及时全面掌握信息、全员参与，可以从以下几方面采取措施：

第一，明确与预算编制相关的法律法规和政策。为了保证预算编制的合规性，行政事业单位应全面、及时地了解和掌握相关法律法规和政策，并根据法律法规和政策的变化及时调整预算工作。为了实现上述目标，单位可以建立预算业务管理信息系统，将与预算编制相关的法律法规及政策、人员定额标准、实物定额标准、以前年度的历史数据等输入信息系统，形成预算编制的政策依据和数据基础。另外，单位可定期或不定期组织预算相关岗位人员进行培训，

对新政策、新规定进行解读学习，确保相关工作人员的胜任能力，增强预算编制的合规性。财务部门提高政策把握能力，根据工作的轻重缓急进行平衡统筹，形成预算建议；预算方案经单位领导集体审定；加大预算、决算公开力度，自觉接受监督。

第二，建立部门之间的沟通协调机制。应该加强部门间信息共享互通，尤其是保持人事管理、资产管理、项目建设等部门的沟通通畅，建立信息共享平台，使预算业务管理工作机构能够及时获取与预算编制相关的基础资料，深入了解预算执行机构的资金需求及用途，提高预算编制的科学性、有效性。

第三，增强预算执行机构的参与度。作为资源的使用主体，预算执行机构应当充分参与到本单位预算编制的过程中，因为与财务部门相比，他们在了解本部门工作任务以及所需资金方面更具有信息优势。行政事业单位应当在内部控制规定中明确各个预算执行机构在预算编制过程中的职责，明确其具体需要完成的相关工作，从而使行政事业单位能够更加合理、有效地实现资源配置。

第四，强化纪律意识，落实编制、审核责任。应提高关键岗位人员的政治敏锐度，确保预算的真实性；充分发挥归口管理部门的作用，加强审核把关力度，提高预算的合规性；根据具体情况，组织内外部专家对项目进行论证、评估，建立立项评审制度，提高预算的科学性；结合"中期规划"编制，健全全员参与的预算编制机制，夯实编制基础，确保预算的完整性；做细项目支出明细，提高编制的准确性。在预算编制过程中，预算执行机构应以工作计划为依据，使用科学的方法合理测算支出需求，确定为实现工作计划所需要的基本支出和项目支出，做到预算编制与资产配置、项目申请或具体业务一一对应。例如，人员经费应按照规定标准和相关人员数量核定到人；日常办公费用应按定额标准核定；项目支出应按照业务发展需要的重要程度，在财力允许范围内，细化到具体项目。

4. 预算审批控制

行政事业单位应当充分发挥内部审核的管控作用，针对预算审批业务流程以及预算审批环节的主要风险点，采取相应的控制措施。控制措施主要有以下几个：

第一，明确单位内部授权审批相关规定。单位应当完善常规授权和特别授权的相关规章制度，清楚地划分各个岗位处理事务的权限范围，规范审批流程，确保权责对等，促使相关工作人员在行使职权时明晰自身的职责权限，在权限范围内开展工作。尤其是在下达预算控制数时，应当关注特别授权的应用条件和范围，及其应承担的责任，严格控制特别授权，对于"三重一大"事项要实行集体决策和会签制度。

第二，落实相关机构的审核责任。在预算审批过程中，预算执行机构负责人、预算业务管理工作机构、财务部门负责人，以及预算管理委员会应当各司其职，按照相关规定进行研究、审核，避免审批过程流于形式。

第三，强化内部审批下达过程。预算业务管理工作机构应当依据财政部门正式批复的预算和各预算执行机构提出的支出需求，明确各项业务和各个项目的预算额度和支出标准，将预算指标进一步分解，下达至各预算执行机构，从而完成资源在单位内部的配置，实现预算指标在各个业务环节及相关岗位的具体落实，强化预算的约束力。

第四，提高项目预算审批的科学性。某些项目的专业化程度较高，如基建项目、信息化项目、大宗物资采购等，行政事业单位相关机构在对这些项目的预算进行审批时，可能因缺乏专业知识，导致难以掌控支出金额。各单位除了可以成立内部评审小组自行组织评审外，还可以委托专业评估机构或外部专家进行评审，以提高预算审批的专业性和科学性。

5. 预算执行、调整控制

预算执行环节是整个预算管理的核心，包括各类经济业务的执行、审批、资金管控等，既有支出执行，也有收入执行。在这一环节可以从以下几方面采取措施：

第一，强化预算刚性约束意识。财务部门严格控制超预算支出，严格履行预算追加调整审批手续；项目归口管理部门编制预算执行月度计划，明确执行考核指标，将责任落实到岗、任务落实到人，完善内部约束和激励机制。针对不同的预算执行方式，采取不同的审批程序。对于可以直接执行的预算，如支付物业费、水电费等，通常履行相对简化的审批程序。预算执行机构应当严格按照支出标准和下达的预算指标开展业务，财务部门应加强对资金支付环节的审核；对于需要提出执行申请的预算，如课题费等总额一定但具体内容和金额仍不确定的事项，通常采用"一事一议"的方法，在总额内申请预算指标，申请执行时预算指标和支出事项必须相对应；对于需要执行政府采购的预算，则需要按照政府采购的有关规定开展政府采购业务。

第二，根据单位经费收入管理要求，合理、合法、审慎组织"其他收入"。做实、做细经费测算，量入为出；健全审核流程控制，明确支出授权审批权限，支出费用实行归口管理，落实归口部门的审核责任，重大支出严格按"三重一大"相关制度领导集体决策；对预算执行申请进行严格审核。预算执行机构必须在预算指标得到审批通过的前提下提出预算执行申请。提出申请后，由预算业务管理工作机构进行严格审核。预算执行机构提出的执行申请必须与其预算指标和工作内容相对应，同时，预算执行机构要按照经费支出管理规定提供相应的文件和单据，如接待审批表、会议申请表等。明确各项支出事项的开支范围和开支标准，规范支出报销，会议费、培训费等重点支出项目，实行"预算、计划"双重管理制，加强票据真实性审核，对不真实、不合法的支出票据拒绝支付，对单据凭证不完整的支出票据退回补办。

第三，加强相关岗位业务培训力度，严肃财经纪律。严格执行政府采购、招投标等有关制度，加强单位合同管理，按规定选择合理方式支付；建立健全不相容岗位相分离的审核制度并有效执行。健全预算管理信息化系统建设，实时掌握执行情况，记录审批轨迹，实现责任可追溯。

第四，加强对预算执行的监控，建立预算执行分析机制，跟踪预算执行情况。实施分期预算控制，单位在依据年度预算开展经济活动的同时，可将年度预算分解为季度预算和月度预算，使预算执行进度更易于观察，落实预算指标，增加可操作性，通过各期预算目标的实现来促进年度预算目标的实现。通过会计信息、预算执行报告和其他相关资料对预算执行机构进行监督，及时发现预算执行过程中的偏差并予以纠正。对于重大预算项目，要密切跟踪其执行进度，必要时还需要向预算管理委员会报告。有条件的单位还可以建立预算执行信息平台，并设置预警机制，以便随时掌握预算执行情况。预算业务管理工作机构应加强与各预算执行机构的沟通，及时通报其预算执行进度和完成情况，保证预算执行信息畅通、高效地流转。对于预算执行进度过慢或过快的情况，认真剖析执行中存在的问题，及时纠正错误。预算管理委员会应定期召开预算执行分析会议，分析阶段性预算执行情况，及时发现实际发生数与预算数之间的差异，并找出原因，采取相应措施。

第五，规范预算追加调整流程。在预算执行过程中，单位内、外部环境都有可能发生重大变化，此时如果片面强调预算的刚性约束，就可能使预算变得僵化呆板，甚至妨碍单位开展工作。但如果随意调整预算，又会使预算失去权威性。因此，必须建立一套严格、规范的预算调整审批制度和程序。预算执行机构在执行预算时如果发现偏差，必须进行全面分析，充分考虑主、客观情况的变化及其对预算执行造成的影响，并提出建议调整方案，逐级上报审批。预算调整方案欠妥的，由预算执行机构进行修改完善，并于修改后再次履行规定的审核程序。

6.决算与预算考核控制

决算与预算考核包括了决算、绩效评价和绩效结果应用等环节，其中绩效管理贯穿预算编制、执行、评价与结果应用的全过程，可以从以下几方面采取措施：

第一，提高决算报表编制的合规性。预算业务管理工作机构应合理设置相关岗位，进行决算报表的编制、审核及分析，明确分工，落实责任。在正式编制决算报表前，行政事业单位应全面核实其资产、负债、收入、支出，清理往来账项，盘点资产，做好基础数据核对工作，为决算报表的编制打下坚实基础。预算业务管理工作机构根据记录真实、完整、准确的会计资料编制决算报表，确保数值真实、计算正确、内容完整，经单位领导（集体）审批后，按照财政部门规定的内容、格式和时限上报。

第二，严格决算报告的审核工作。决算报表编制完成后由专人进行审核，主要审核决算报告的编制范围、编制方法和编制内容，具体包括：编制范围是否全面，有无漏报、重复编报的现象；编制方法是否符合国家规定的行政事业单位会计制度和决算报表编制要求；编制内容是否真实、完整、准确，数据与会计账簿的记录是否一致，有无虚报、瞒报等舞弊现象；数据计算是否正确，数据是否符合报表之间、报表内各项目之间的逻辑关系等。

第三，重视决算结果的分析与运用。行政事业单位应强化决算分析工作，采用定性分析与定量分析相结合的方法，分析预算指标的完成程度及偏离原因，进而提出整改措施。进一步评价各预算执行机构的预算执行情况、资金和实物资产的使用效率和效果、履行职能的效率和效果等，及时发现问题并督促有关部门改进，使决算能够充分反映预算执行的结果，并为下年度预算编制提供基础。

第四，绩效评价应贯穿预算业务的全过程。行政事业单位应建立健全绩效评价制度，确定评价对象、评价指标、评价程序、奖惩措施等。拟定切实可行的预算绩效考评方案，设置科学、合理、可操作的绩效评价指标体系，各项目归口部门开展绩效自评工作，必要时可委托中介进行考评。绩效评价并不仅限于事后评价，而是应当贯穿预算编制、执行、决算的全过程，包括预算执行机构申请预算时应同时申报绩效目标、预算执行过程中的跟踪监控、结合决算结果考核预算执行情况等。

第五，建立评价结果反馈机制。预算业务管理工作机构应将经过财务部门负责人审核、预算管理委员会审批的预算考核报告反馈给各预算执行机构，督促其按照考核报告的意见和建议进行整改。反馈内容主要包括：预算年度实际执行情况与计划绩效指标之间的差异；与以前年度绩效指标完成情况的横向对比；未实现绩效目标的原因及改进措施；绩效目标是否合理、是否需要调整等。

第六，落实评价结果的应用。绩效评价结果的应用是开展绩效评价工作的根本目的，行政事业单位应积极探索评价结果的应用方式，促进评价工作充分发挥作用，将评价结果运用到下一年度的预算工作中。对于评价结果优良的部门，可以结合实际情况，在下一年度预算分配时适当优先考虑该部门；对于评价结果较差的部门，应追究责任主体，督促其进行整改。

第二节　行政事业单位收入管理

一、行政事业单位收入的主要内容

行政事业单位收入是行政事业单位为开展业务及其他活动依法取得的非偿还性资金。行政事业单位的收入具有来源渠道多的特点，主要包括财政补助收入、事业收入、上级补助收入、附属单位上缴收入、经营收入和其他收入等。

需要注意的是，有代收上缴非税收入的行政事业单位，其上缴国库或财政专户的资金也应被纳入行政事业单位收入业务的管理范围。

（一）财政补助收入

财政补助收入即行政事业单位从同级财政部门取得的各类财政拨款，包括基本支出补助和项目支出补助。

（二）事业收入

事业收入即行政事业单位开展专业业务活动及其辅助活动取得的收入。其中，按照国家有关规定应当上缴国库或财政专户的资金，不计入事业收入；从财政专户核拨给行政事业单位的资金和经核准不上缴国库或者财政专户的资金，计入事业收入。

（三）上级补助收入

上级补助收入即行政事业单位从主管部门和上级单位取得的非财政补助收入。

（四）附属单位上缴收入

附属单位上缴收入即行政事业单位附属独立核算单位按照有关规定上缴的收入。

（五）经营收入

经营收入即行政事业单位在专业业务活动及其辅助活动之外开展非独立核算经营活动取得的收入，一般采用权责发生制确认收入。

（六）其他收入

其他收入是指规定范围以外的各项收入，包括投资收益、利息收入、捐赠收入等。采用权责发生制确认的收入，应当在提供服务或者发出存货，同时收讫价款或者取得可索取价款的票据时予以确认，并按照实际收到的金额或有关票据注明的金额进行计量。

二、收入业务控制的目标和内容

收入业务控制是行政事业单位加强财务管理、促进单位整体事业目标实现的基础业务，其目标通常包括：①各项收入符合国家法律法规的规定；②各项收入核算准确及时，相关财务信息真实完整；③单位应收款项管理责任明晰，催还机制有效，确保应收尽收；④各项收入均应及时足额收缴，并按规定上缴到指定账户，没有账外账和私设"小金库"的情况；⑤票据、印章等保管方式合理合规，没有因保管不善或滥用而产生错误或舞弊的现象。

收入业务中可能存在的风险包括：①收入业务岗位设置不合理，岗位职责不清，不相容岗位未相互分离，存在产生错误或舞弊现象的风险；②各项收入未按照收费许可规定的项目和标准收取，导致收费不规范或乱收费现象发生；③违反"收支两条线"管理规定，截留、挪用、私分应缴财政的资金，导致私设"小金库"和资金体外循环；④未由财会部门统一办理收入业务，缺乏统一管理和监控，导致收入金额不实，应收未收，单位利益受损；⑤票据、印章管理松散，没有建立完善的制度，存在收入资金流失的风险。

为应对风险，行政事业单位收入业务通常从以下几方面进行控制：①收入业务岗位控制，对收入业务岗位的职责、权限范围、工作要求等内容进行控制，避免收入审批与管理过程中发生违法行为；②收入业务授权审批管理，避免单位出现不合法、不合理的收入项目；③收入票据控制，对票据的入库、发放、使用、销号、结存等环节进行控制，避免发生违规使用票据的情况；④收入执行控制，对收入经费的征收、管理、账务处理等环节进行控制，严防单位收入流失。

三、收入业务的岗位控制

行政事业单位的各项收入应当由财会部门归口管理，统一进行会计核算，及时、完整地记录、反映单位的收入业务。收入应当全部被纳入单位预算，严禁设置账外账和"小金库"。

在收入业务执行过程中，如果存在职责分工不明确、岗位责任不清晰、权限设置不合理、关键岗位权力过大、监督审核环节缺失等情况，就极易产生错误及徇私舞弊的现象。如果收入业务岗位、会计核算岗位、资金收付岗位不能相互牵制，就容易产生坐收坐支或挪用公款等具体问题，从而引发收入的流失和资金使用的风险。

行政事业单位应当合理设置岗位，明确相关岗位的职责权限。收入业务的不相容岗位至少包括收入预算的编制和批准、票据的使用和保管、收入的征收与减免审批、收款与会计核算等。行政事业单位应通过明确划分职责权限设置岗位，加强岗位之间的相互制约和监督，以达到事前防范、事中控制，防止出现错误和舞弊现象，预防腐败的目的。

四、收入业务授权控制

目前行政事业单位的财务审批权有过于集中的缺点，并且缺乏必要的监督。授权审批环节执行不严格，如经办部门负责人、主办会计和分管财务负责人没有严格按程序和权限审批并签章，或部门负责人不对收费申请进行认真审批、不严格审核收费过程的合规性，就容易造成收费环节的风险。

行政事业单位收入业务授权审批控制是针对财政补助收入、事业收入、上级补助收入、附属单位上缴收入、经营收入和其他收入等实施的控制措施。

具有政府非税收入收缴职能的行政事业单位，应当按照规定项目和标准征收政府非税收入。非税收入是单位依法使用政府权力、政府信誉、国家资源、国有资产，或通过提供特殊公共服务、准公共服务而取得的用于满足社会公共需要或准公共需要的财政资金。非税收入包括行政事业性收费、政府性基金、国有资源有偿使用收入、国有资产有偿使用收入、国有资本经营收益、彩票公益金、罚没（罚金）收入、专项收入等。

行政事业单位针对行政事业性收费、政府性基金、国有资产、资源收益、罚没（罚金）收入、代结算收入等的授权审批流程是不同的。

对行政事业性收费，执收人员向缴费义务人开具非税收入管理局统一监制的收费通知或决定；对经常性收费（含政府性基金、国有资产、资源收益等），执收人员向缴费义务人开具非税收入管理局统一监制的收费通知或决定；对罚没（罚金）收入，执收人员对违法人员送达行政处罚决定书；对代结算收入（暂扣款、预收款、保证金、诉讼费等），执收人员向缴费义务人开具收费通知。

收费人员对收费项目和收费标准进行审核，并开具非税收入缴款书；缴款义务人将款项缴入非税收入汇缴结算户；缴款义务人如果对收费通知、决定有异议，可以依法申请行政复议或行政诉讼，但复议或诉讼期间，不停止执行。

减征、免征非税收入的，或缴费义务人因特殊情况需要减征、免征非税收入的，需要遵循以下授权审批流程：

首先，由缴款义务人提出申请，申请书应注明减免理由及相关法律法规及政策规定，并附有特殊情况的有关证明材料；其次，由执收人员填制行政事业收费减免审批表，并签署是否同意减征、免征、缓征的意见；再次，经单位审批同意，分别报非税收入管理局以及同级财政部门审批；最后，由执收人员办理减免应缴纳的非税收入。

事业性收费应进行分户分类核算，在月末按收费款项划入国库和财政专户，并按月向财政国库部门报送收费进度表。单位依法收取的代结算收入符合返还条件的，由缴费义务人提出返还申请，征收主管签署意见，并经财政部门审核确认后，通过非税收入汇缴结算户直接返还缴费义务人。依照法律法规规定确认为误征、多征的非税收入，由缴款义务人提出申请后，经由财政部门确认，通过非税收入汇缴结算户及时、足额、准确地退还给缴款义务人。已划至国库或财政专户的，则由国库或财政专户直接退付。

五、收入核算控制

行政事业单位的各项收入应当由财会部门归口管理并进行会计核算，严禁设立账外账。业务部门应当在涉及收入的合同协议签订后，及时将合同等有关材料提交给财会部门作为账务处理依据，确保各项收入应收尽收，及时入账。财会部门应当定期检查收入金额是否与合同约定相符；对应收未收的项目应当查明情况，明确责任主体，落实催收责任。

行政事业单位取得的按照"收支两条线"管理要求，应被纳入预算管理或应缴入财政专户的预算外资金，不能直接计入事业收入，应根据上缴方式的不同，直接缴入财政专户或由单位集中后缴入财政专户。根据经过批准的部门预算、用款计划和资金拨付方式，在行政事业单位收到财政专户返还款时，再计入事业收入。

六、收入业务票据控制

行政事业单位应当建立健全票据管理制度。财政票据、发票等各类票据的申领、启用、保管与使用、核销与销毁均应履行规定手续。

（一）票据的申领

行政事业单位应按照规定的手续进行财政票据、发票等各类票据的申领，征收非税收入的票据应当由出纳人员从非税收入管理部门统一领购。

（二）票据的启用

行政事业单位应当按照规定建立票据台账，并设置专门管理票据的人员，做好票据的保管和序时登记工作。票据应按照顺序号使用，不得拆本使用，作废票据也要做好管理。负责保管票据的人员要配置单独的保险柜等保管设备。

在非税收入票据启用前，单位应先检查票据有无缺联、缺号、重号等情况，一经发现应及时向非税收入管理部门报告。单位按上级有关规定从上级主管部门领取的专用票据，须经同级非税收入管理部门登记备案后方能使用。

（三）票据的保管与使用

行政事业单位应建立票据台账，全面、如实地登记、反映所有票据的入库、发放、使用、销号、结存等情况。票据台账所反映的票据结存数必须与库存票据的实际票种及数量一致；对票据进行定期盘点，盘点时应有出纳以外的人员参加，确保未使用票据的安全。

行政事业单位应严格执行票据管理的相关规定，不得违反规定转让、出借、代开、买卖财政票据、发票等票据，不得擅自扩大票据的适用范围。设立辅助账簿，对票据的转交进行登记；对已收取的重要票据，应留有复印件并妥善保管；不得跳号开具票据，不得随意开具印章齐全的空白支票。

（四）票据的核销与销毁

行政事业单位应按规定程序对财政票据、发票等各类票据进行核销与销毁。因填写、开具失误或其他原因导致作废的票据，应予以保存，不得随意处置或销毁。对超出法定保管期限、可以销毁的票据，在履行审批手续后进行销毁，但应当建立销毁清册并由授权人员监销。

行政事业单位收入业务票据控制的关键点有以下几点：①出纳从非税收入管理部门领取票据、单位按有关规定从上级主管部门领取专用票据，须经同级非税收入管理部门登记备案后方能使用；②执收人员开具非税收入票据时，应做到内容完整，字迹工整，印章齐全；③因填写错误而作废的非税收入票据，应加盖作废戳记或注明"作废"字样，并完整保存其各联，不得私自销毁；④对于丢失的非税收入票据，应及时登报声明该票据作废，查明丢失原因，并在规定时间内向非税收入管理局提交书面报告；⑤销毁作废的非税收入票据和保管五年以上的票据存根，应经单位负责人同意后，向非税收入管理部门提出销毁申请，经非税收入管理部门审核同意后销毁；⑥销毁前需认证清理销毁的票据，确保票据开出金额与财务入账金额完全一致；⑦票据销毁申请需经单位负责人同意后，方能向非税收入管理部门提交；⑧销毁监督小组由三至五名来自财务部门、审计部门的工作人员组成；⑨销毁情况应以小组名义出具，经财务部门负责人和单位负责人签字后，报送至非税收入管理部门备案。

第三节　行政事业单位支出管理

一、行政事业单位支出的主要内容

行政事业单位支出是指行政事业单位开展业务及其他活动时发生的资金耗费和损失，包括事业支出、对附属单位的补助支出、上缴上级支出、经营支出和其他支出等。

（一）事业支出

事业支出即行政事业单位开展专业业务活动及其辅助活动发生的基本支出和项目支出。基本支出是指行政事业单位为了保障其正常运转、完成日常工作任务而发生的人员支出和公用支出；项目支出是指行政事业单位为了完成特定工作任务和事业发展目标，在基本支出之外所发生的支出，主要指的是购置专用设备的支出。

（二）对附属单位的补助支出

对附属单位的补助支出即行政事业单位用财政补助收入之外的收入给予附属单位补助所发生的支出。

（三）上缴上级支出

上缴上级支出即行政事业单位按照财政部门和主管部门的规定上缴上级单位的支出。

（四）经营支出

经营支出即行政事业单位在专业业务活动及其辅助活动之外，开展非独立核算经营活动发生的支出。

（五）其他支出

其他支出即上述规定范围以外的各项支出，包括利息支出、捐赠支出等。行政事业单位的支出通常结合单位经济活动业务特点、管理要求进行分类，如某行政事业单位经费支出分为人员经费、基本机构运转业务经费、重点管理经费（"三公"经费）、基本建设项目经费、工程修缮经费、信息化项目经费、购置项目经费和专项业务经费八大类。

二、支出业务控制的目标

支出业务控制是行政事业单位内部控制的重要内容，其目标主要包括：

①各项支出符合国家相关法律法规的规定，包括开支范围和标准等；②各项支出符合规定的程序与规范，审批手续完备；③各项支出真实合理；④各项支出的效率和效果良好；⑤正确核算各项支出，相关财务信息真实完整。

单位应当建立健全支出内部管理制度，制定各类支出业务管理细则，确定单位经济活动的各项支出范围和标准，明确支出报销流程，按照规定办理支出事项。

三、支出业务的岗位控制

行政事业单位应当按照支出业务类型，明确内部审批、审核、支付、核算和归档等各支出关键岗位的职责权限。实行国库集中支付的，应当严格按照财政国库管理制度的有关规定执行，确保支出申请与内部审批、付款审批和付款执行、业务经办和会计核算等不相容岗位相分离。支出业务岗位控制还应延伸考虑以下因素：人员管理与人员支出管理；人员费用的审批与发放；支出预算的执行与监督；支出内部定额的制定与执行；支出的审核、批准与办理。

四、支出业务的审批控制

行政事业单位在确定授权批准的层次时，应当充分考虑支出业务的性质、重要性、金额大小。预算内的一般支出可以由部门负责人或分管领导审批，但预算内的重大开支则需要单位负责人审批才能报销；预算外的重大支出需要经行政事业单位管理层集体决策，并且要对预算外支出严格控制。行政事业单位管理层如果只有审批权力，不负担审批责任，就会产生违规审批，越权审批，争相审批，审批过多、过滥等风险。

行政事业单位应当按照支出业务的类型，明确内部审批、审核、支付、核算和归档等支出各关键岗位的职责权限，明确支出业务的内部审批权限、程序、责任和相关控制措施。审批人应当在授权范围内审批，不得越权审批。行政事业单位主管领导负责单位支出相关文件的审批，参与内部定额修改方案的集体审批，负责审阅向上级单位或财政部门提供的分析报告。单位应对不同资金的财务管理风险按不同的执行方式和审批权限进行管理。

五、支出业务的审核控制

部分行政事业单位在实际业务中存在部门负责人随意审核开支的现象，对报销的经办人员缺少应有的监管，导致经办人员在报销单据中虚报支出；个别分管财务的负责人在审核过程中见到领导签字就直接批复，不审核所报销资金的真实性、合法性。行政事业单位支出审核不严谨，缺乏有效的监控体系，财务人员对审核标准的理解不准确，新文件、新规定下达不及时等因素，往往会造成支出审核风险。

单位财会部门应当加强支出审核控制，全面审核各类支出单据。支出凭证应当附反映支出明细内容的原始单据，并由经办人员签字或盖章，超出规定标准的支出事项应由经办人员说明原因并附审批依据，确保与经济业务事项相符。支出单据有三个审核原则。

（一）审核原始发票内容的真实性

对原始发票内容真实性的审核主要包括以下内容：①审核原始发票内容是否真实，如验证票据所写的单位名称是不是本单位的名称；②验证票据有没有少购多开、无购虚开的现象；③检查发票的格式是否符合国家的规定；④验证发票上的署名是否真实；⑤审查原始发票本身是否真实，有无弄虚作假现象。

（二）审核原始发票要素的完整性

对原始发票要素完整性的审核主要包括以下内容：①审核发票的名称与加盖的印章是否一致；②审核所发生的经济内容是否真实可靠；③审核发票的金额；④审核发票的日期与发生经济业务的日期是否一致；⑤审查发票的编号，验证所要报销的票据编号与近期报销票据的编号是否相近，以防有人利用空白发票作假报销。

（三）审核原始发票支出范围的合法性

对原始发票支出合法性的审核主要包括以下内容：①审核原始发票是否符合财务标准的相关规定，如报销人员提供的车船票、飞机票等，只能在规定的标准以内进行报销，对不符合报销标准或超出报销范围的部分应不予报销；

②审核取得的原始发票与所发生的经济业务之间的因果关系，如果原始发票因私事而取得，尽管所反映的经济业务是真实的，也不能作为结算报销的依据；③审核支出是否违反财经纪律，对擅自提高开支标准，扩大开支范围，用公款请客送礼及侵占国家、集体利益的原始发票应一律不予报销。

六、支付控制

单位所有的付款业务都必须履行规定的程序，即支付申请—支付审批—支付审核—办理支付。出纳只有在收到经过领导审批、会计审核无误的原始凭证后，才能按规定的金额办理付款手续。有些行政事业单位虽然制定了《报销支付程序与办法》等相关文件，但在实际工作中却没有完全遵守，如有的审核人员不在岗时，出纳有时会在报销审批手续不全的情况下，依据个人之间的关系和自己的方便程度自行办理资金支付。当缺少审核程序时，出纳支付资金的随意性较大，这种支付程序往往会给单位带来无法弥补的损失，可能引发"坐收坐支"的风险。

（一）支出报销业务控制

行政事业单位应明确报销业务流程，按照规定办理资金支付手续，登记签发的支付凭证。一般来说，行政事业单位与支出报销业务流程相关的人员包括涉及报销业务的各业务部门经办人员、各业务部门负责人，分管各业务部门的行政事业单位领导、分管财务负责人，主办会计，记账会计，出纳会计。对行政事业单位支出报销业务的控制可以概括为以下四个关键环节：①各部门经办人员先填制报销单，并交由该部门负责人审批，如果金额超过一定额度须报分管领导审批；②主办会计审核报销单据的真实性、合法性；③分管财务负责人审核其资金使用是否合理，审批环节、审批手续是否完备；④将报销单据交到出纳处，出纳给付现金或开具支票付款，登记现金或银行日记账后交给记账会计记账。

（二）支出公务卡结算控制

公务卡是预算单位工作人员持有的，主要用于日常公务支出和财务报销业务的信用卡，它既具有一般银行卡的授信消费等共同属性，又具有财政财务管理的独特属性。行政事业单位使用公务卡结算的，应当按照公务卡使用和管理的有关规定办理业务。公务卡报销不改变预算单位现行的报销审批程序和手续，有利于及时办理公务消费支出的财务报销手续。

公务卡的适用范围包括使用现金结算日常公务支出中零星商品服务和小额的采购支出，具体内容包括水费、电费、办公费、差旅费、交通费、招待费、印刷费、电话费等。行政事业单位使用公务卡结算的具体控制措施如下：①报销人员填报支出报销审批单，凭发票、POS机消费凭条等单据，按财务报销程序审批；②出纳人员凭核准的支出报销审批单及报销单据，通过POS机将报销资金划转到个人卡上；③报销人员当场确认后，在POS机打印的凭条上签字，财务人员凭借经过签字确认的凭条、支出报销审批单登记入账；④持卡人使用公务卡结算的各项公务支出，必须在规定的免息还款期内（银行记账日至发卡行规定的到期还款日之间的期限）到本单位财务部门报销；⑤因个人报销不及时造成的罚息、滞纳金等相关费用，由持卡人承担；⑥如果个别商业服务网点无法使用银行卡结算系统，报销人先行以现金垫付后，可凭发票等单据到单位财务部门办理报销审批手续；⑦因持卡人所在单位报销不及时造成的罚息、滞纳金等相关费用，以及由此带来的对个人资信的影响等，由单位承担。

七、支出业务的会计核算控制

行政事业单位的支出报账程序是"先审批再审核"，会计人员无法参与单位重要业务的事前决策，审核也只是针对票据的规范性，这样就弱化了财务人员的事前监督。在确认和计量经济业务时，往往对原始凭据的审核不规范，从而造成支出业务的真实性、计价的准确性无法核对，这就为虚列支出、转出资金提供了机会。

行政事业单位加强支出业务的会计核算，应由财会部门根据支出凭证及时、准确地登记账簿；与支出业务相关的合同等材料应当提交至财会部门，作为账务处理的依据。财会部门负责人应关注和监督支出预算的执行，组织结余资金的管理，组织做好单位支出的财务分析与评价工作，提高资金的使用效益。

行政事业单位为了核算本单位的事业支出，应设置"事业支出"科目。因事业支出的项目较多，为便于分类核算与管理，行政事业单位应根据实际情况设置明细科目，如基本工资、补助工资、其他工资、职工福利费、社会保障费、"三公"经费、设备购置费、修缮费等费用。人事部门负责人应严格按照主管部门下达的人员编制标准配备在职人员；组织做好在职人员的调进、调出、退休等变动及临时工使用等工作；对长期不在岗人员及时做出相应处理，并如实调整人员经费支出。

第三章　行政事业单位采购和资产管理

第一节　行政事业单位的采购管理

一、采购业务控制的目标和内容

行政事业单位采购控制是指在行政事业单位使用资金进行货物、服务和工程的采购过程中的相关控制。依据《中华人民共和国政府采购法》，行政事业单位的采购业务多以政府采购的方式完成，是行政事业单位使用财政性资金采购依法制定的集中采购目录内的，或者采购限额标准以上的货物、工程和服务的行为。财政性资金包括预算资金、财政专项资金、政府非税收入资金、债务资金、捐赠资金和单位自筹资金。

（一）采购业务的常见风险

规范单位采购行为、防范与控制采购风险是采购业务控制的主要目的。行政事业单位政府采购业务常见的风险包括以下几方面：

1. 采购项目和预算安排不合理

政府采购、资产管理、预算编制和业务部门之间缺乏沟通协调，采购项目可行性论证不充分，重复或错误立项，需求审核不严格，采购与实际需求脱节，导致资金浪费或资产闲置。

2. 采购计划编制不科学

采购参数的制定缺乏公平、公开透明的制衡机制和专业管理，采购预算定价的市场调查论证不足，过高或过低地制定预算，出现围标、舞弊或遭受欺诈等问题，采购的商品和服务质次价高，导致财政资金效用降低或资源浪费。

3. 采购活动不规范

未按规定选择采购方式、发布采购信息，甚至以化整为零等方式规避公开招标，对采购、招标缺乏有效的监督，出现围标、舞弊等问题，导致单位被提起诉讼或受到处罚，影响单位正常业务活动的开展。

4. 采购及验收不规范

合同和付款环节审核不严格，实际接收的产品与采购合同的约定有差异，导致采购资金损失或单位信用受损。

5. 采购业务档案管理不善

采购业务档案缺失，导致采购业务出现争议，影响政府采购信息和财务信息的真实性和完整性。

（二）采购业务控制的主要内容

行政事业单位采购业务控制的主要内容包括以下几方面：

1. 分工与授权控制

分工与授权控制即对采购相关部门和岗位的职责、权限，以及采购与付款业务授权与审核等方面的控制。

2. 预算与计划控制

预算与计划控制即对采购预算的编制、执行、调整，以及采购计划的制订、组织实施等方面的控制。

3. 采购与验收控制

采购与验收控制即对采购人员、采购程序、采购方法，以及采购验收等方面进行控制。

4. 付款控制

付款控制即对付款条件、付款方式、付款程序，以及付款的合法性等方面的控制。

二、采购的组织、岗位与责任

行政事业单位应当设置采购职能部门，或者明确相关采购岗位的职责权限，以确保政府采购需求的制定与内部审批、招标文件的准备与复核、合同签订与验收、验收与保管等不相容岗位相分离。

单位应设立采购领导小组，采购工作办公室设在采购职能部门，财务等相应职能部门作为成员单位，由分管采购工作的领导任组长，成员由相关部门的主要负责人组成。其主要职责是：根据有关政府采购的管理规定，拟定政府采购工作规范；审核采购单位编制的政府采购预算；审定采购实施计划和采购方式；审定各采购单位定额标准以上重大项目的采购需求、公开招标文件和采购合同；审定内部采购预选供应商库和采购代理机构库名单；监督各采购单位的采购工作，查处采购中的违法行为；其他采购相关工作。

采购职能部门负责单位采购的组织和实施工作。采购管理各岗位人员应当熟悉有关政府采购法律法规和财会等相关专业知识，并定期轮换。遵循采购监督管理与操作执行相分离的原则，设立采购工作监察部门或岗位（单位纪检监察人员也可履行此职责），其主要职责是：对政府采购项目招投标过程中执行政府采购法律法规的情况进行督察，不参与评标、谈判、询价等具体工作；对自行采购项目执行过程进行监督，不参与预选供应商抽取和评标等具体工作；参与采购中有关质疑、投诉问题的处理；受理供应商提出的回避申请，并按照回避制度对相关人员进行审核。

配合采购业务的相关财务岗位的主要工作职责是：汇总编制本单位年度政府采购预算；审核本单位实施采购计划的采购资金的来源；复核采购支付申请手续，办理政府采购和自行采购的资金支付事宜。

三、采购预算与计划管理

行政事业单位应当加强对政府采购业务预算与计划的管理，建立预算编制、政府采购和资产管理等部门或岗位之间的沟通协调机制，根据本单位的实际需求和相关标准编制政府采购预算，按照已批复的预算制订政府采购计划。

行政事业单位政府采购业务的预算控制主要包括采购预算的编制、审核、下达和最终的调整。

（一）采购预算的编制与审核

行政事业单位根据《政府采购目录和限额标准》等文件，按照部门预算编制格式和口径，编制本单位下一年度的政府采购预算，作为部门预算的一部分，由一级预算单位汇总后上报至财政部门；临时机构的政府采购预算由其挂靠的部门汇总后上报至财政部门。若有被列入自主创新产品目录的项目，在编制政府采购预算时应单独填报相关的报表。

政府采购预算由业务部门根据实际需求提出预算建议数，由资产管理部门核实采购需求和相关标准，由采购部门审核汇总，由财会部门根据预算指标进行平衡，确定采购资金来源，经单位采购决策机构审定后形成单位年度政府采购预算，经财政部门批准后执行。

（二）采购预算调整的控制

单位应当认真执行政府采购预算，按照已批复的预算制订政府采购计划。年度内追加或调整的政府采购项目，应当同时按原审批程序追加或调整政府采购预算，经上级主管部门和同级财政部门批准后执行。

（三）采购计划的管理

单位应当加强对政府采购计划的管理，根据相关支出标准、采购预算和市场价格定期编报政府采购计划，报送至财政部门及政府采购主管部门审批。

政府采购计划应详尽、完整、准确，除法律法规规定的适用情形外，采购项目不得指定品牌，采购需求不得含有倾向性、排他性；单位不得编制超预算、超标准、超配置的政府采购计划。

政府采购计划经批准后，由采购部门按已批准的政府采购组织形式和采购方式执行。政府采购计划一经下达，原则上不得调整，确需变更、调整的，应当重新履行审核和审批的程序。建立采购需求单位内部的分权和岗位分离机制，对采购需求计划的评审应设置不同岗位进行管理。

采购计划的评审应由专人专岗进行，并设置为必经流程，设置科学合理的逐层、逐级审批机制，每个层级的评审人员的构成都应科学合理，重大采购需求应由单位领导办公会议讨论通过；在必要情况下需要聘请专业的评估机构对需求文件进行评审；应设置经验丰富的专业采购小组对采购计划进行校验。

四、采购方式的选择与审批

行政事业单位的采购活动按照采购组织方式的不同可以分为政府采购和自行采购。单位购买集中采购目录以外的且在采购限额标准以下的货物、工程和服务，可采取自行采购方式。大部分情况下，自行采购方式的业务风险高于政府采购，单位应适当控制自行采购方式。

（一）政府采购的主要方式

1. 公开招标

公开招标是指招标采购单位依法以招标公告的方式邀请不特定的供应商参加投标，它是政府采购的主要方式。一般来说，达到同级人民政府或其授权机构发布的公开招标数额标准以上的政府采购项目，应当采用公开招标的采购方式。因特殊情况需要采用公开招标以外的采购方式的，应当在采购活动开始前获得政府采购监督管理部门的批准。采购人不得将应当以公开招标方式采购的政府采购项目化整为零，或者以其他任何方式规避公开招标采购。

2. 邀请招标

邀请招标是指招标采购单位依法从符合相应资格条件的供应商中随机邀请三家以上供应商，并以投标邀请书的方式，邀请其参加投标。

符合下列情形之一的政府采购项目，可以采用邀请招标方式采购：具有特殊性，只能从有限范围的供应商处采购的；采用公开招标方式的费用占政府采购项目总价值的比例过大的。

3. 竞争性谈判

竞争性谈判是指采购人或采购代理机构按照规定的程序，通过与符合项目资格要求的供应商就谈判文件进行谈判，最后确定成交供应商的采购方式。

符合下列情形之一的政府采购项目，可以采用竞争性谈判方式采购：招标后没有供应商投标，或没有合格标的，或重新招标未能成立的；技术复杂或者性质特殊，不能确定详细规格或者具体要求的；采用招标方式所需时间不能满足用户紧急需要的；不能事先计算出价格总额的。

4. 询价采购

询价采购是指采购人或采购代理机构按照法定程序向不少于三家的供应商就采购项目需求发出询价通知或询价函，按照询价采购原则确定成交供应商的采购方式。规格、标准统一，市场供应充足且价格变化幅度小的政府采购项目，可以采用询价方式采购。

5. 单一来源采购

单一来源采购是指采购人或采购代理机构就符合法定单一来源采购条件的项目向单一供应商直接购买货物、工程和服务的采购方式。

符合下列情形之一的政府采购项目，可以采用单一来源方式采购：只能从唯一供应商处采购的项目；发生了不可预见的紧急情况，不能从其他供应商处采购的项目；必须保证与原有采购项目的一致性或者满足服务配套的要求，需要继续从原供应商处添购，且添购资金总额不超过原合同采购金额10%的项目。

值得注意的是，只有经公开招标、邀请招标、竞争性谈判、询价采购两次招标失败后，才可采用单一来源采购方式。

6. 简易采购程序

政府集中采购目录通用项目中已实行协议供应（供货）的项目，可按简易采购程序办理网上协议采购、网上竞价或快速采购。简易采购程序具体按如下原则进行选定：凡实行协议供应（供货）的品目，应按协议供应的规定程序操作；如认为协议供应商的报价高于市场平均价格，可以进行网上竞价；对于协议采购和网上竞价没有合适价格的协议供货项目、采用询价方式的项目、品牌单一又有多个分销商供货的项目，可以采用快速采购方式，按照报价最低的原则确定成交供应商。但是，属于协议供货的项目，成交价格必须低于协议供应商的报价。

（二）自行采购的主要方式

1. 预选供应商采购

自行采购范围内的采购项目，达到单位内规定限额标准以上且在政府采购限额以下的，应采用预选供应商采购方式。由采购部门每两年组织一次供应商资质入围招标，由采购领导小组审核后公布。实施采购时，各采购单位从入围供应商库中随机抽取中标供应商。各采购单位可以推荐符合要求的供应商参与入围招标；两年内没有被各采购单位选用的以及有违法违规行为的入围供应商，退出入围供应商名单。

2. 自行评标采购

采购单位应设立评标小组和监察部门或岗位组织自行采购评标，自行采购评标可采用综合评分法、最低价法、抽签法、询价法四种方法。原则上应采用最低价法，确需采取其他三种方法的，由各采购单位集体研究决定。自行采购评标小组成员应由业务需求部门、单位采购牵头管理部门和单位财务等部门共同组成，人数为单数。有条件的单位应该建立评标人员库，随机抽取参与评标人员，或者采取轮值方式，在必要的情况下可以随机选取外部专家参与评标。评标过程要有详细的记录并归档，记录资料至少应包括评标人员名单产生的过程、评标小组签到表和评标结果确认表等，上述资料均应标注具体时间，并由监督人员签字确认。

（三）采购方式的审批

采购单位领导小组对登记的采购需求进行复核后，才能提交至归口部门审核。归口部门审核时应重点关注以下内容：是否有预算指标；是否按要求履行了市场价格调查；采购方式是否合理；资金来源是否符合规定。采购单位登记的采购需求，先由归口部门审核完毕后，再提交至采购小组。

在公开采购的方式下，采购小组在收到采购单位提交的采购登记后，对采购登记进行审核，确认无误后以采购登记为依据，编报采购计划，提交至财政部门采购中心，按规定程序对采购计划进行审核。采购小组审核项目需求文件，确认无误后据以编制政府采购计划，报送至财政部门，财政部门依法审核并下达政府采购计划。采购小组就如下事项进行审批：采购项目和资金是否在采购预算范围内；是否按要求履行了市场价格调查；采购方式的选取是否符合规范；其他需审查的合规性内容。

五、采购活动的管理

单位应加强对政府采购活动的管理，由采购部门实施归口管理，在政府采购活动中建立政府采购、资产管理、财会、内部审计、纪检监察等部门或岗位相互协调、相互制约的机制。对于采购额度较大的采购项目应当经过可行性研究和专家论证，保证政府采购项目及预算价格合理、参数公正可靠。

单位采购部门应按规定选择适合的政府采购方式，经政府采购主管部门批准后实施采购。

应建立规范的政府采购信息发布制度，在指定的范围和公共媒介上发布政府采购信息，提高政府采购活动的透明度。发布的政府采购信息主要包括公开招标公告、邀请招标资格预审公告、中标公告等。

应加强对政府采购申请的内部审核，由政府各采购相关部门对政府采购项目的合理性以及技术参数、预算价格、采购方式、信息发布等分别进行审核。对采购进口产品、变更采购方式等事项应当进行重点审核，严格履行审批手续。

政府采购实行集中采购与分散采购相结合的方式。对被纳入集中采购目录、采购资金在"集中采购限额标准"以上的采购项目，实行集中采购方式；对被纳入集中采购目录、采购资金在"集中采购限额标准"以下的采购项目，履行申报、审核程序，实行分散采购方式。

对集中采购目录以外的采购项目，采购资金在政府采购限额标准以上的，履行申报、审核程序，实行分散采购方式。采购资金在政府采购限额标准以下的采购项目，不属于政府采购范围，不需编报政府采购预算和履行申报、审核程序，由单位自行组织采购。对实行集中采购方式的项目，采购部门应协调业务部门全程参与政府集中采购活动，资产管理、财会、内部审计、纪检监察等部门或岗位应做好事前和事后监督检查工作，保障集中采购活动的合法性、合理性；对实行分散采购方式的项目，由采购部门按规定组织采购，资产管理、财会、内部审计、纪检监察等部门或岗位应参与并监督分散采购的全过程，以保障分散采购活动的合法性、合理性。

达到单位规定的限额标准以上且在政府采购限额标准以下的自行采购项目，可采取建立单位预选供应商库模式和单位自行组织评标采购模式。预选供应商适用于不同供应商提供的服务无差异或差异不大的情况，如印刷、修缮等；

评标适用于供应商提供的服务有明显差别的情况，如办公家具购置、物业管理等，因为这些活动一般对服务要求的技术含量较高，供应商服务质量不一致，所以需要采用评标的方式确定最佳供应商。

应加强对政府采购业务质疑、投诉的答复与处理，指定监察部门或岗位牵头负责，采购部门、业务部门及相关人员参加，针对质疑、投诉事项查清原委，并依据相关规定对投诉人做出正式答复。加强对涉密采购项目安全保密的管理，对于涉密的采购项目，单位应与相关供应商或采购中介机构签订保密协议或者在合同中设定保密条款。采购合同中涉及保密事项的，应有法律方面的专家参与制定。

六、采购验收与付款

采购验收一般是付款的前置条件，具体包括履约过程验收和货物、服务验收两个方面。采购验收应由专设验收机构或临时验收机构按规定的程序、依据合同等采购文件组织实施。验收合格后应出具验收报告，作为付款的依据。

（一）履约控制

按照政府采购合同，采购人和供应商组织履约验收。采购人指定专人负责与供应商协调、组织履约，并为供应商履约做好必要的准备。供应商应按照政府采购合同的要求及时履约。

在供应商供货、工程竣工或服务结束后，采购人按照政府采购合同中验收的有关事项和标准组织验收，其中，采购人与采购代理机构签订验收委托代理协议的，由采购人和其委托的采购代理机构组织验收。大型或复杂的政府采购项目，应当邀请国家认可的质量检测机构参加验收工作。验收方成员应当在验收书上签字，并承担相应的法律责任。

（二）验收控制

行政事业单位应当加强对政府采购项目验收的控制与管理，根据规定的验收制度和政府采购文件，由指定部门或专人对所购物品的品种、规格、数量、质量和其他相关内容进行验收，并出具验收证明。

1. 组建验收工作小组

采购人负责组织履约验收，并确定验收结果。采购人组织成立由相关专家以及用户、资产管理部门参加的五人及以上单数人员组成的验收工作小组。验收工作小组设置一名负责人，负责组织领导整个采购项目验收工作。直接参与该采购项目方案制定、评审的人员不得作为负责人。需要由质检或行业主管部门进行验收的项目，采购人必须邀请相关部门参加验收。采购人与采购代理机构签订的委托代理协议中有验收事项的，采购代理机构应按照委托验收事项的要求，配合采购人做好验收工作。

2. 制定验收方案

验收工作小组根据签订的政府采购合同，在供应商供货、工程竣工或服务结束前，制定验收方案，明确验收内容，（规定）验收纪律，做好组织接收和验收的准备。

3. 组织验收

在供应商履约结束后，验收工作小组应按照职责分工，对照政府采购合同中有关验收的事项和标准核对每项验收事项，并按照验收方案及时组织验收。

如果采购人在验收或使用中发现供应商未按合同约定的时间、地点和方式履约，缺少应有的配件、附件等情况，验收工作小组应在相关验收事项后注明违约情形，并立即通知供应商。

供应商出现违约情形，及时纠正或补偿的，经验收工作小组同意，可免于追究责任；造成损失的，按合同约定追究违约责任，并报给政府监督管理部门和采购代理机构，记入供应商诚信档案。

采购人因验收不当造成损失的，自行负责，并由责任人承担相应责任。

采购人故意设置障碍或不积极配合验收，故意推迟采购项目验收时间，故意拖延提出资金支付申请时间的，应赔偿供应商损失，对直接负责的主管人员和其他责任人员追究相关违约、违纪、违法责任。

采购人与供应商串通或要求供应商通过减少货物数量或降低服务标准，要求供应商出具虚假发票或任意更改发票等方式，牟取不正当利益的，追究相关违约、违纪、违法责任。

在验收工作中，采购人的监察、审计、财务部门应当履行监督职责。

4. 出具验收证明

采购人根据验收工作小组验收合格的意见，核对无误后签字确认，并出具验收报告且加盖公章。验收报告中须有验收工作小组负责人及成员同意验收合格意见的署名签字和用户、资产管理部门负责人签字并加盖公章。

有采购代理机构参加验收的，采购代理机构应在验收报告上签署意见，加盖采购代理机构公章。有质检或行业主管部门参加验收的，质检或行业主管部门应在验收报告上签署意见，加盖质检或行业主管部门公章。

（三）支付采购资金

验收合格后，采购人应按照合同约定及时支付采购资金。

货物或服务验收完毕或工程项目竣工决算完毕，采购单位可向采购小组申请采购资金的支付。申请资金支付时，采购单位依据采购合同、验收报告、竣工决算报告等文件，按照资金支付的相关规定，填写相关表格，办理采购资金支付申请。

采购资金实行国库集中支付的，各采购单位应完善采购资金支付程序，需求部门在办理采购资金支付时，必须提交如下资料：审验手续齐备的采购资金支付申请单、真实合法的原始发票、中标通知书复印件（第一次支付）、合同及验收报告（第一次的原件，后续的复印件）。采购资金应按合同规定的支付进度支付，不得超前支付。

第二节　行政事业单位的资金管理

一、货币资金控制的目标

相信对于许多人来说，货币资金并不是一个陌生的概念，无论在何种单位，货币资金的管理都是一个重要的问题。对货币资金和往来资金进行有效的控制，对于行政事业单位来说也尤为重要。行政事业单位需要通过多种合规且可行的方式筹集事业发展所需的资金，也需要加强对资金的使用管理，确保资金使用合法、合规、合理、有效。一般来说，行政事业单位的货币资金，除了现金、银行存款、其他货币资金外，还包括财政拨款收入和零余额账户用款额度等区别于企业的资金，因此也应等同于常规的货币资金进行管理。

要做好行政事业单位货币资金的控制，应做到以下几点：首先，应确保资金的使用符合国家法律法规的有关规定，确保资金使用的合法性和合规性；其次，应注意货币资金的安全，避免出现货币资金被非法挪用、盗窃的情况；再次，应该做好货币资金往来和使用的登记，做好资金的会计核算。

做好货币资金的内部控制，有利于防范资金收支风险，维护资金安全。资金收付贯穿事业活动的全过程，单位内部各部门、单位外部相关单位和个人都直接或间接地参与其中，其中任何一个环节、机构和个人出现差错，都可能危及资金安全、影响业务活动。加强货币资金及往来资金的内部控制，有利于及时发现问题，防范并化解有关风险。加强货币资金和往来资金的管理，还有助于促进资金的合理使用，规范单位业务收支，推动事业可持续发展。

二、货币资金控制的主要内容

货币资金的关键控制点主要有以下几个：

（一）审批控制

把收支审批点作为关键点，是为了控制资金的流入和流出，审批权限的合理划分是资金合理合法收支的前提条件。审批活动的控制点包括：制定资金的限制接近措施，经办人员进行业务活动时应该得到授权审批，任何未经授权的人员不得办理资金收支业务；使用资金的部门应提出用款申请，记载用途、金额、时间等事项；经办人员在原始凭证上签章；经办部门负责人、主管领导和财务部门负责人审批并签章。

（二）复核控制

复核控制是减少错误和舞弊的重要措施，根据单位内部层级的隶属关系可以被划分为纵向复核和横向复核两种类型。前者是指上级主管对下级活动的复核；后者是指平级或无上下级关系人员的相互核对，如财务系统内部的核对。复核的控制点包括：会计主管审查原始凭证反映的收支业务是否真实合法，经审核通过并签字盖章后才能填制原始凭证；凭证上的主管、审核、出纳和制单等印章是否齐全。

（三）收付控制

资金的收付反映着业务活动中资金的来龙去脉。收付的控制点包括：出纳按照审核后的原始凭证收付款，并对已完成收付的凭证加盖戳记，并登记日记账；主管会计将资金的收付及时、准确地记录在相关账簿中，定期与出纳的日记账核对。

（四）记账控制

资金的凭证和账簿是反映资金收付的信息源，如果记账环节出现管理漏洞，很容易导致整个会计信息处理结果失真。出纳应根据资金收付凭证登记日记账，会计应根据相关凭证登记有关明细分类账；主管会计应登记总分类账。

（五）对账控制

对账是账簿记录系统的最后一个环节，也是报表生成前的一个环节，对保证会计信息的真实性起到重要作用。对账控制点包括：账证核对、账账核对、账表核对、账实核对等。

（六）银行账户的管理控制

单位应当严格按照《支付结算办法》等国家有关规定，加强银行账户的管理，严格按规定开立账户，办理存款、取款和结算。做好银行账户管理，应重点关注银行账户的开立、使用和撤销是否有授权，下属单位或机构是否有账外账等。

（七）票据与印章管理

印章是明确责任、表明业务执行及完成情况的标记。印章的保管要贯彻不相容职务相分离的原则，严禁将办理资金支付业务的相关印章和票据集中由一人保管，印章要与空白票据分管，财务专用章要与企业法人章分管。

（八）货币资金的岗位控制

由于货币资金的特殊性，需要单位内部明确与货币资金管理相关的各岗位的具体工作内容、权限范围及责任，从而确保机构的设置和人员的配备更加合理、高效，资金的使用更加安全、有效。在正常情况下，单位应实施资金集中管理制，财务部门设置专门的资金收付岗位，会计核算岗位与资金收付岗位的职责和权限进行严格划分，避免出现与货币资金相关的业务都由同一个人进行操作的情况，通过不相容岗位相分离机制减少发生舞弊的可能性。具体在进行岗位的设计与分工时，应该注意以下几点：出纳不得兼管稽核、会计档案保管和收入、支出、债权、债务账目的登记工作；严禁由一人保管收付款项所需的全部印章；财务专用章应当由专人保管，个人名章应当由本人或其授权人员保管；负责保管印章的人员要配备单独的保管设备，并做到人走柜锁；按规定由有关负责人签字或盖章的，应当严格履行签字或盖章手续。

三、往来资金控制的目标与内容

往来资金核算和管理是行政事业单位会计和财务管理的重点和难点，涉及单位日常经济业务及管理活动的各个方面，在一定程度上反映了单位会计核算和财务管理的水平，同时也反映了单位内部控制是否完善有效。加强往来账款的管理，有利于行政事业单位避免资金长期挤占，加速资金周转，提高资金使用效益，防止国有资产流失，加强预算管理，提高会计信息质量。

一般情况下，往来资金是指资金的融入和融出，一般收付资金对应的银行存款和库存现金科目的对方科目为往来款项，即各种应收应付项。对于行政事业单位来说，往来资金可以按照债权和债务进行分类，债权型往来资金包括应收票据、应收账款、暂付款、预付账款、其他应收款、财政应返还额度等；

债务型往来资金包括应缴预算款、应缴财政专户款、暂存款、短期借款、长期借款、应付票据、预收账款、应付账款、应缴税金等。

往来资金管理存在着若干风险，如往来资金管理违反国家法律法规，可能遭受外部处罚、经济损失和信誉损失；往来资金管理中不相容职务混岗，可能导致贪污或挪用公款现象出现；往来资金管理未经适当审批或越权审批，可能因重大差错、舞弊、欺诈而导致损失；往来资金的发生、结算、清理等环节控制不当，可能造成单位资产损失；往来资金记录不准确、不完整，可能造成账实不符或导致财务报表信息失真。

往来资金的控制重点在于资金往来行为发生时的授权审批。与其他行政事业单位、机关、社会团体、企业单位等进行业务活动时，对往来资金金额的确定、合同的签订等，必须履行严格的审批手续。明确审批人的授权批准方式、权限、程序、责任及相关控制措施，规定经办人的职责范围和工作要求。严禁未经授权的部门或者人员办理涉及往来资金的业务。单位任何人无权独立做出重大资金往来决策。任何未经授权批准的资金往来行为，无论该种行为是否造成经济损失，都应当受到调查和追究。经过授权的人员，必须在授权范围内开展和执行相关资金往来业务，任何越权行为都应当追究其责任。制定对外资金往来业务流程，明确往来资金持有、执行等情况的内部控制要求，如实记录每一个往来资金环节的开展情况。

往来资金及时清理是往来资金控制的又一重要内容。单位应当建立往来资金定期清理制度，明确清理依据和要求。单位应当定期分析往来资金的构成及余额情况，积极采取有效措施，提示及时报账或返回资金。定期将往来资金明细项目在一定范围内予以公示，接受监督，增强透明度。对长期挂账的往来资金，单位在清理的基础上，在履行规定程序和手续后应做出相应处理，该收回的抓紧催收，该核销的及时予以核销，必要时运用行政、法律手段对造成的损失依法追究有关责任人员的责任。

第三节　行政事业单位的资产管理

行政事业单位国有资产是行政事业单位履行职能、保障政权运转以及提供公共服务的物质基础,行政事业单位国有资产管理是财政管理的重要基础和有机组成部分。全面规范和加强行政事业单位国有资产管理,是健全国有资产管理体制、完善社会主义基本经济制度的必要举措。行政事业单位要按照深化财税体制改革的总体部署,健全内部资产管理制度和内控机制,将资产管理与预算管理、国库管理相结合,建立既相互衔接又彼此制衡的工作机制和业务流程,提高财政资金使用的规范性、安全性和有效性。

一、资产业务概述

（一）资产的概念及分类

1.资产的概念

行政事业单位资产是指各级行政事业单位占有或使用的,能以货币计量的经济资源的总称,即行政事业单位的国有（公共）财产,包括纯办公性的非经营性资产、经营性资产、综合性资产及其他公产,其表现形式为固定资产、流动资产和无形资产等。

《政府会计准则——基本准则》中的资产是指政府会计主体过去的经济业务或者事项形成的,由政府会计主体控制的,预期能够产生服务潜力或者带来经济利益流入的经济资源。服务潜力是指政府会计主体利用资产提供公共产品和服务以履行政府职能的潜在能力。经济利益流入表现为现金及现金等价物的流入,或者现金及现金等价物流出的减少。

2. 资产分类

行政事业单位的资产包括流动资产、固定资产、在建工程、无形资产等。行政事业单位的资产按照流动性，分为流动资产和非流动资产。行政事业单位的流动资产包括货币资金、短期投资、应收及预付款项、存货等。行政事业单位的非流动资产包括长期投资、在建工程、固定资产、无形资产等。《政府会计准则——基本准则》规定，政府会计主体的资产按照流动性，分为流动资产和非流动资产。流动资产包括货币资金、短期投资、应收及预付款项、存货等，非流动资产包括固定资产、在建工程、无形资产、长期投资、公共基础设施、政府储备资产、文物文化资产、保障性住房和自然资源资产等。

（二）资产管理控制目标及职能分工

1. 控制目标

行政事业单位根据相关法律法规，结合本单位的实际情况，建立健全内部资产管理制度。具体有以下几方面：

第一，在货币资金管理方面，建立货币资金管理岗位责任制，使不相容岗位得到有效分离；规范印章管理制度，建立货币资金授权审批机制；加强银行账户审批管理，保证银行账户的设置、开立、变更和撤销合法合规，银行账户使用规范；加强对银行账户的管理监督，保障货币资金安全；对货币资金进行定期或不定期核查，确保账实相符、账账相符。

第二，在实物资产管理方面，设置归口管理部门或人员，加强对实物资产的取得和验收管理，以及对实物资产日常使用的监管；资产处置经过适当审批、资产处置方式合理、处置过程合法合规、处置收入及时上缴财政。

第三，在无形资产管理方面，无形资产投资项目须经过分析和研究；规范无形资产日常管理；确保无形资产处置合法合规，处置方式合理。

第四，在对外投资管理方面，管理岗位和归口管理岗位设置合理，岗位职责明确，不相容岗位相分离；建立对外授权审批制度，确保单位对外投资的合法、合规性；建立投资决策控制机制，明确投资意向提出—可行性研究—集体论证—投资审批的程序；建立投资决策责任追究制度，确保投资行为科学合理。

2. 内部部门分工及职责

（1）综合管理部门（包括财务部门）

贯彻执行国家有关法律、行政法规和政策，制定单位资产管理规章制度，并组织实施和监督检查；负责货币资金的归口管理工作；根据资产配置标准的有关规定，审核或审批资产购置、无偿调拨、内部调剂等事项；按国家规定权限审核或审批固定资产出租、出借和处置事项；指导有关单位做好固定资产账务处理工作；监督固定资产使用收益和处置收入的上缴；组织开展资产统计、资产清查；组织开展国有资产管理信息化工作。

（2）归口管理部门（分为资产保管、使用部门和信息部门）

资产保管、使用部门负责资产的日常保管和使用，在职责范围内保护资产的安全与完好，防止资产毁损、丢失；发现资产异常情况及时向归口管理部门反映；负责固定资产的账、卡管理工作；具体实施资产统计、资产评估和清查盘点等工作；负责办公家具等固定资产的日常维修工作；负责办理权限范围内的固定资产配置、出租、出借、处置等事项的相关手续；组织对拟处置固定资产进行技术鉴定和评估，办理已经批准的固定资产处置事宜；负责固定资产出租、出借收入，以及处置的变价收入和残值收入的归集、上缴；对授权管理的固定资产，包括车辆、电梯、空调、集中管理的图书和文物陈列品等实施具体管理；管理和维护固定资产管理信息系统。

信息部门负责本单位国有资产信息管理系统电子数据的维护和更新；负责技术保障和网络设备的运行维护；负责配合财务部门的资产管理工作，定期与其核对信息。

二、资产业务管理流程

（一）货币资金支付业务

该流程包括支付申请、审核与批复、付款与记账环节。单位货币资金的支付、保管由出纳负责；货币资金支付的审批，由出纳以外的人员按照授权分别执行。业务部门经办人填写货币资金支付申请单等资料，提交给本部门负责人审批。资金申请资料中应注明款项的用途、金额、预算、限额、支付方式等内容，附有合同协议或相关证明。业务部门负责人根据审批权限，对货币资金支付申请资料进行审核，重点关注支付内容的真实性和合理性。对不符合规定的资金申请，审批人应将审批材料返还给经办人员。

单位对货币资金支付申请实行分级授权审批。财务部门审核岗位对业务部门的资金支付申请进行审核，审核内容包括支付审批程序是否正确、手续及相关单证是否齐备、金额计算是否准确、支付方式是否妥当。审核通过的资金支付申请经签字或盖章确认后，传递给财务部门负责人审批。财务部门负责人在授权权限内审核资金支付申请，同意后转付款环节；超出授权权限的资金支付申请需要提交分管领导进行审核。分管领导对支付申请进行审核，重点关注支付申请的范围、权限、程序是否正确，手续及相关单据是否完整，支付方式是否准确等。如资金支付申请通过审核，转到出纳岗位；如果资金支付申请没通过审核，应注明原因后将其退还给财务部门负责人。

业务部门经办人员签字或签章确认已收到款项，按申请用途使用资金。财务部门出纳根据手续完备的资金支付申请，按照财政、银行的相关规定办理支付手续，将支付单据、银行回单等资料交会计记账，同时登记现金或银行存款日记账。会计人员根据支付单据、银行回单等资料记账。审核人员在月底根据银行对账单核对银行存款余额，编制银行余额调节表。督促会计与出纳定期对账，必要时对现金进行抽查或盘点。

（二）实物资产管理业务

该流程包括预算及请购、采购与验收、实物领用、处置申请、审核审批、处置、备案及账务处理等环节。单位根据财政及上级主管部门有关资产配置的要求，加强实物资产的配置、日常管理及处置工作管理。各部门申请购建实物资产，应当根据有关资产配置标准和事前批准的资产采购预算，对资产购置进行可行性研究和分析论证。论证后，业务部门填写请购预算和请购计划，经部门负责人审核同意后分别报财务部门和资产管理部门审核。资产管理部门对资产购建计划进行审核。财务部门对资产采购预算进行审核，同意后，报分管领导审批。分管领导审批同意后，汇总单位实物资产预算。

资产管理部门根据采购计划和采购预算执行申请，组织实物资产的采购工作，并负责资产验收、入库、资产台账记账工作。业务部门参与实物资产的组织采购工作，填写资产交接单，明确资产使用人责任。财务部门根据采购情况核对资产采购预算，按照合同付款，进行账务处理，定期与资产管理部门对账。

业务部门填写实物资产领用申请，提交本部门负责人审核。业务部门负责人审核资产领用申请的合理性、必要性，审核同意后报给资产管理部门，审核不同意则退回业务部门经办人。资产管理部门核实资产领用申请，检查实物资产状况，办理资产领用手续，交付实物资产，填写实物资产领用登记簿并送至财务部门登记账簿。财务部门根据资产管理部门提交的实物资产领用登记簿进行会计核算和账务处理。

实物资产处置实行分级审批制度。资产管理部门清点拟处置资产，填写资产处置申请单。申请单内容包括拟处置资产的名称、规格、型号、使用年限、使用状况等资料。资产管理部门负责人对资产处置申请单进行审核，同意后上报分管领导审批。

分管资产管理的领导对资产处置单进行审批，通过后对规定的资产处置履行必要的资产评估手续。单位分管领导对于授权范围内的资产处置申请进行审核，审核同意后返回资产管理部门处置；超出授权范围的，将审批申请单及资产评估报告报上级主管部门、财政部门审批。上级主管部门对受理的资产处置申请进行审核，对于授权范围内的资产处置申请，审核同意后返回资产管理部门处置；超出授权范围的，报财政部门审批。财政部门对预算单位的资产处置申请进行审批，审批同意后出具资产处置批准文件。

实物资产的处置应当遵循公开、公平、公正的原则，通过适当方式公开处置。拟处置资产价格低于评估价格的，应在处置前报给相关部门审批。资产管理部门根据资产处置情况对资产记录进行调整，有关合同和文件同时提交至财务部门进行账务处理。财务部门据此对资产处置进行账务处理和核算。

（三）无形资产管理业务

1. 流程描述

无形资产管理业务流程包括无形资产配置、使用和处置环节。无形资产管理部门按照预算管理制度及国家对有关无形资产管理的规定，依法取得无形资产。无形资产按配置方式分为自行研发、购买、调剂、捐赠等方式。

管理部门按无形资产的不同性质分别对其进行管理，登记台账（或备查簿），保管有关资料，部门负责人审核有关资料及台账（或备查簿）。日常管理实行归口管理，注重落实管理责任。管理部门负责无形资产的登记、使用、权益维护等工作。财务部门按照财务管理规定进行摊销账务处理，防止无形资产的浪费或非正常损失。应定期评估无形资产的有效性和先进性，对无形资产进行必要的升级更换。

无形资产的处置应遵循公开、公正、公平的原则，由无形资产管理部门提出申请，提交至财务部门审核。财务部门组织技术、法律等专业人员对拟处置的无形资产进行评估鉴定，确定拟处置资产的价格。财务部门据此按照规定权限逐级报批处置。进行无形资产处置时，要做好财务处理及资料归档工作。

2.流程中的关键节点

归口管理部门通过自行研制、购买、调剂、捐赠等方式取得无形资产。财务部门进行无形资产的入账处理。管理部门进行日常管理，做好登记、使用、权益保护、费用摊销等工作；定期评估无形资产的先进性和有效性；必要时提出处置申请。无形资产摊销需要提出处置申请，经批准后进行处置，各部门按权限审批处置事项，进行账务处理。

三、资产管理风险点及内部控制措施

（一）资产管理风险点

1.资产管理层面的风险点

资产管理层面的风险点有以下几个：

第一，单位资产管理制度不健全。由于行政事业单位对资产的使用权与所有权相分离，因此单位内部并没有强烈的动机来实现资产的高效管理。受制于行政事业单位组织结构的固有缺陷，内部控制制度的设计带有较强的管理者的主观性，所以从制度源头上就形成了较为薄弱的内控环境，要发挥内部控制的有效性就变得更为困难。部分行政事业单位内部控制制度太过简单，并且执行力度不强，最终造成内部约束无力；无章可循，有章不循，违章不究，导致资产管理效率不高，国有资产流失。

第二，岗位设置不合理，职务不相容岗位没有有效分离，各个部门及各个岗位的职责也不明晰。一些单位虽然在形式上进行了分工，但是依然存在着一人分担多个角色的管理混乱现象，导致舞弊现象的发生。

第三，资产管理风险评估能力有待进一步提高。行政事业单位对资产管理的能动性不足，使得其评估资产业务风险的能力被进一步削弱。个别行政事业单位未详细确立具体的财产清查领域、期限以及组织程序，缺乏对资产管理的全过程监督，导致国有资产毁损，甚至缺失。

第四，资产管理信息化建设滞后。资产管理信息系统普遍未实现与财务系统对接，资源配置不合理、资产管理无效率。缺乏有效的资源管理共享平台，导致重大仪器设备的交流程度不够，使部分设备重复投入，使用效率不够高，部分设备长期闲置，造成严重浪费。

第五，与资产内部控制相关的信息沟通不畅。目前多数行政事业单位采用收付实现制来对资产业务进行账务处理，只有相关的会计或业务经办人了解整个业务的基本情况，而管理者或内部控制监管人员很难清楚地了解相关业务的具体情况，导致资产业务不透明，为参与业务的工作人员实施舞弊行为提供了机会。在行政事业单位的内外部沟通上，没有要求行政事业单位强制披露其财务信息，所以单位内部的详细资产状况以及管理情况均无法被社会公众所了解。

第六，资产管理效益评估体系欠缺。部分行政事业单位对资产使用绩效的管理环境的重视程度不够，造成资产管理效益低下，具体体现在资产配置的标准模糊、资产多年失修、大型设备使用率偏低、对外投资企业经营业绩不佳、资产出租出借不合规等问题上，严重影响了资产的使用率和使用效益。而部分已运行资产管理效益评估体系的行政事业单位，存在着评估结果利用率不高的情况。

2. 货币资金控制的风险点

货币资金控制的风险点有以下几个：

第一，货币资金活动的审批制度缺乏严密性。许多行政事业单位没有按照内控规范的要求事先对授权审批的方式、权限、程序和有关责任控制等设计明确的制度规范，也没有对各个岗位的审批人员的职责进行书面约定与划分，导致出现问题后无法找到相应的责任承担者。

第二，货币资金业务活动流程还不够健全，无法起到预期的监控作用。预算管理意识薄弱，缺乏"有预算才支出，没有预算不得支出"的管理理念。预算执行效果差，导致财政资金利用效率低。银行账户管理松懈，有些单位不能做到收入及时入账，甚至直接使用没有通过银行核算的收入；还有一些单位存在多头开户的现象。很多单位对现金保管的风险控制不到位，虽然这些单位在货币资金内部控制制度中明确了要加强对库存现金的管理，要定期或不定期地盘点现金，也明确规定了盘点人员，但是由于缺乏很好的监督，在具体实施时还是没有落实到位。有些单位的库存现金不能控制在限额内，库存现金经常会超出限定的额度，部分单位存在用白条抵库的现象，印章、支票的风险控制不到位。由于人员编制限制等原因，一些单位只有出纳和会计两名财务人员，常常由一个人独自保管所有与业务相关的印章，或者将个人印章在未经授权的情况下随意地交由第三人使用，很多单位甚至为了业务方便，将审批人员的印章也一并交由出纳管理，这些做法会大大增加货币资金舞弊风险。

第三，缺乏充分、有效的内部监督机制。部分行政事业单位的纪律检查部门和内部审计部门也没有发挥好应有的监督作用，在货币资金活动的监督上存在着管理力度不强、有法不依、执法不严等情况，这在一定程度上导致了货币资金活动中舞弊行为的产生。

3. 实物资产控制的风险点

实物资产控制的风险点有以下几个：

第一，实物资产采购环节的风险点：应列入政府采购预算的采购项目未列入；采购项目不在已审批的采购计划之内或超出预算；未按规定选择采购方式；采用化整为零或其他方式规避公开招标；未按已审核的采购方式执行采购流程；对购进、接受捐赠的资产没有及时地按规定登记入账；质疑投诉处理不及时、不规范；采购项目未按时到货或完工；供货或项目结果不符合合同要求；采购档案管理不善、信息缺失，影响采购信息和财务信息的真实、完整。

第二，实物资产管理环节的风险点：采购资产的型号及数量与采购合同、购置发票不相符；技术指标不合格；资产信息录入有误，与实际信息不符；仍有利用价值的闲置设备以报废形式回收并处置，降低资产使用效率；申请报废物资的型号及数量与实际回收物资的型号及数量不相符，造成资产流失；回收途中遗失造成资产流失；报废物资交接不明确，造成资产流失和账目不清；资产入库账目不清，库房设备信息不明确；对于资产在调配和使用过程中发生的资产流失，也未要求责任方赔偿。

第三，实物资产处置环节的风险点：资产处置没有严格执行审核审批程序，自行处置造成资产流失；未按照有关规定执行，有关人员徇私舞弊，可能导致资产流失、单位利益受损；招标标底泄漏，违反公开招标原则，损坏投标人利益，使单位利益及形象受损；资产处置残值未及时上缴；资产出库账目不清，库房设备信息不明确；报废资产账目未及时进行账务处理并予以销账，造成账实不符。

第四，实物资产清查环节的风险点：使用单位及领用人名下资产不明确，资产不能实现动态管理；资产清查目标不明确，方法不健全，清查效果不明显；缺乏清查分析与总结，不能为整改工作提供理论依据。

4. 无形资产控制的风险点

单位无形资产管理岗位设置不合理，权责不明确，一人经办无形资产业务全过程，导致舞弊现象的发生；无形资产投资立项未有规范的分析和研究，预算编制不合理，未经过适当授权或超出权限审批，支出不合理，造成财政资金浪费；无形资产验收不规范，不符合使用要求，未取得相关权利的有效证明材料，导致单位利益受损；无形资产使用缺少必要的保密制度，保密工作不到位，导致无形资产被盗用，无形资产中的技术、商业秘密被泄露；未对无形资产进行日常的评估、检查，其内含的技术内容未能及时更新，存在无形资产贬值的风险；无形资产处置不规范，未经过必要的评估，处置价格偏低，导致单位利益受损；未按照国家有关财务制度对无形资产进行会计核算；无形资产初始成本计量不准确，摊销年限过长或过短，导致账实不符。

5. 对外投资控制的风险点

对外投资控制的风险点有以下几个：

第一，对外投资项目未经财政审批。有些行政事业单位利用财政拨款、非税收入、经营收入、其他收入等资金进行对外投资，未向上级主管部门和财政部门办理审批手续；有的单位的对外投资项目虽经主管部门同意，但未报财政部门审批，由于机构改制、人员变动等多方面原因，这些行政事业单位对这部分投资失去控制，造成国有资产流失。

第二，对外投资未经充分调研论证。有些行政事业单位的对外投资项目论证不充分，投资项目未经过集体研究，不能准确把握国家投资政策和行业发展变化趋势，存在盲目投资、感情投资、关系投资的现象，导致投资回报率不高，资产保值增值能力差。对外投资审批程序不合规，未建立责任追究制度，由于缺乏有效监督，许多对外投资项目因此失败。部分行政事业单位存在重投资、轻管理的现象，往往是只投不管，监管责任不落实，对投资项目的经营决策、经营管理情况、财务状况、经济效益等重视不够，未建立投资项目后期跟踪管理监督机制，对外资产投资收益的分配未严格限定，向经营者追索的投资收益很少。诸多对外投资项目由于企业经营管理不善出现亏损，普遍存在投资无收益或收益甚微的现象，导致投资单位的合法权益均不同程度地受到侵害。

第三，对外投资缺乏管理人才和经验。对于行政事业单位全资或控股的投资项目，由于单位选派的经营管理人员缺乏管理经验，不懂市场行情和市场运作方式，多数行政事业单位未对全资或控股的投资项目规定实现销售额、上缴利润等具体经营指标和严格的奖惩制度，导致经营决策失误、管理不善，使投资项目经营陷入困境甚至出现亏损，造成国有资产流失。

第四，对外投资核算不规范。有些行政事业单位使用往来款或支出科目核算，未按会计制度规定计入"对外投资"科目中，无法准确反映投资单位的资产结构和投资关系，导致投资所有权属存在隐患。此外，个别单位存在隐匿投资收益、投资收益体外循环，甚至设立"小金库"，通过采用借款转移投资、改制时低估资产等违规手段，使国有资产投资收益流失。

（二）资产管理内部控制措施

1. 资产管理体系控制
（1）建立健全内部资产管理制度

行政事业单位应立足自身实际发展的需要，对各项资产管理制度及时做出补充和完善，确保资产管理更加有序、高效。国有资产管理制度体系应该做到全覆盖，形成管理全口径、全覆盖的资产管理规章体系。制度建设不仅要做到有章可循，同时还要便于管理，具体做法包括：①单位应将资产管理内部控制制度进行细化，如资产采购验收制度、日常使用管理制度、转让管理制度、报损报废制度、监督检查制度等，在资产管理的各个环节都能做到有据可依、有规范、有流程；②资产管理各项制度要整体有序、环环相扣，相互之间不存在冲突，便于执行；③制度应该全面，要考虑到不同管理层次的需求，要有效果、能落地；④同时要加强资产管理内部审计制度的执行力度，行政事业单位内部审计可适时开展资产管理专项审计，及时发现资产管理过程中存在的不规范、低效率等问题，并通过整改工作来弥补资产管理漏洞，防范风险。

（2）合理设置资产管理岗位，明确职责权限

行政事业单位应按照"统一领导、分类管理、归口统筹、分级负责、责任到人"的管理体制，根据"三定"规定和本单位的实际情况，合理设置资产管理岗位，确保不相容岗位相分离。通过明确划分各职能部门、管理岗位的职责权限来有效实现资产管理的内部控制。首先，实现内部各部门之间的不相容职能要相分离，即预算编制与资产采购的部门相分离、采购与验收的部门相分离、验收与入账的部门相分离、实物账与价值账的管理部门相分离、实物账与实物管理相分离；其次，资产管理部门不相容职务相分离，即负责预算编制管理与负责采购管理相分离、负责采购管理与负责账务管理相分离、负责库房管理与负责账务管理相分离；最后，资产管理部门内部各岗位中的不相容岗位要相分离，即库房管理岗位应与账务管理岗位相分离、资产采购岗位应与资产账务管理岗位相分离、库房管理岗位应与办理资产处置岗位相分离。

在实现分离控制的同时，也要考虑成本效益原则。所以在实际工作中要以高效、实用为出发点，根据单位的实际情况，有重点地、合理地设置内控层次和人员岗位，明确各个层次的职责权限，强化各相应层次的责任，只有这样才能提高单位内部控制的有用性和效率性。

（3）识别资产管理风险点，采取相应的风险点控制措施

行政事业单位资产内部管理容易出现的风险点主要包括：货币资金是否安全完整、资产配置是否科学、合理；是否按国家相关规定办理采购；资产验收是否规范；出入库手续是否齐全；账账是否相符，账实是否相符；使用过程中的领用、借用、归还手续是否齐全；资产出租、出借、对外投资的程序是否合法；在资产使用过程中是否存在损坏、丢失、浪费、闲置、使用率低下的情况；是否严格按照规定进行资产处置，待报废资产是否账账相符；资产清查是否全面彻底，是否存在隐瞒不报、账实不符的情况；等等。准确识别资产管理各环节的风险点并建立与之相匹配的控制措施是实现资产内部控制的切实保障。

（4）加强资产清查核实工作的力度

行政事业单位根据资产管理的工作需要，按照规定的程序、方法，对本单

位进行账务清理、财产清查，依法认定各项资产损益和资金挂账，对资产盘盈、损失和资金挂账按程序予以申报认定，从而明确单位资产总额。清查内容包括单位基本情况清理、账务清理、财产清查和完善制度等。其中，单位基本情况清理是指对被纳入清查工作范围的所属单位户数、机构及人员状况等基本情况进行清理；账务清理是指对单位的库存现金、银行账户、有价证券、资金往来和其他基本账务情况进行核对和清理；财产清查是指对单位的各项资产进行全面的清理、核对和查实；完善制度是指针对单位存在的资产管理问题，进行总结分析，提出整改措施和实施计划，从而建立健全各项资产管理制度。单位对清查的资产盘盈、损失和资金挂账情况应该按照资产清查要求进行分类整理，提出相关处理建议。

（5）加快资产管理信息化建设，合理配置资源

行政事业单位应大力推进资产管理信息化的实践，加快构建本单位的资产信息管理平台，包括资产卡片管理、资产配置管理、资产使用管理、资产处置管理、产权登记管理、资产评估管理、资产收益管理、资产报表管理和查询分析。实现资产管理信息系统与财务系统的对接和完善。一方面，资产管理和预算、财务、实物等管理实现对接，从规范资金的投入使用入手，加大资金使用的审核力度，制订合理的资源配置计划，关注资金投入的目的性和针对性，将有限的资金用在最适合、最迫切的地方；另一方面，建立资源共享平台，改变设备资产重复购置、闲置浪费的现状，结合本单位资产设备的管理情况，合理安排、调配资源，提高资产的利用率。利用资产管理信息系统对资产进行动态管理与监控，在节约人工成本的情况下，及时发现并解决资产管理过程中存在的各类问题，提高资源配置的效率。

（6）建立健全资产绩效评估体系，提高资产的使用效益

行政事业单位要对资产管理的绩效进行评价。绩效评估体系能够在很大程度上有效降低资产管理成本，提高资产使用效率。要做好资产管理绩效评价，应设立科学的评价指标体系，基于客观性、可比性、系统性、合理性等原则，以行政事业单位资金投入后产生的效果、效率和效益为基础，借助定性指标与定量指标相结合的方法，形成一套较为完备的多指标体系，对国有资产管理的实效进行科学评价。单位应根据实际情况，根据管理需求的不同，合理确定评价重点，不断摸索适合自身需求的评价体系。例如，资产管理绩效评价体系不

应仅局限于评价资产管理的效率、效益和效果，如果管理制度本身不完善，还应对资产管理体制、机制的建设及管理水平的高低加以评价；同时，与资产管理紧密相关的财务绩效与预算绩效也应被纳入考核的内容之列。资产管理绩效评价结果应作为国有资产配置的重要依据。

2. 货币资金控制

（1）建立健全货币资金管理体系

货币资金内部控制主要集中在财务部门内部，涉及出纳、会计、稽核、财务部门负责人、分管财务单位领导等岗位。要建立健全货币资金管理体系，需要做到以下几点：

第一，建立货币资金内部控制的风险评估机制。具体来讲，可分为以下几个步骤：分析单位货币资金发生风险的原因，找出风险控制点，作为货币资金内部控制开展的参考；找出应对风险的手段措施，制作出货币资金业务风险控制的业务流程图；明确每个业务流程中相关人员的责任；明确授权体系，明示各个环节的货币资金风险控制点，更好地规避风险；设置货币资金风险控制的评估人员，定期与财会人员交流，对货币资金风险进行实时监控，不断完善风险控制制度，进而更好地对风险进行评估和控制；风险控制的评估人员定期总结出风险评估报告，向单位负责人进行汇报；对实施状况进行内部监督，更好地进行风险控制；将货币资金内部控制活动执行的结果纳入每个相关人员的业绩考核指标，激励全员更用心地做好货币资金的内控工作。

第二，不相容职务相分离制度。货币资金的实施支付人员不能同时是审批人员，否则就失去了审批的意义；货币资金的保管人员不能同时负责记账工作；货币资金的保管者不能同时是授权保管的人；货币资金的记账人员不能同时负责审计工作；出纳不能在负责本职工作的同时，又负责记账、开票等工作；货币资金业务经办人员要具有相应的资格并定期轮岗，防止出现舞弊行为。

第三，不断规范货币资金业务流程。首先，要从预算管理开始，强化预算管理是加强会计内部控制的一个必不可少的环节，各单位要严格执行经过上级确认批准的预算。控制费用首先要制定一套详细的内部费用控制指标制度，将各项费用指标进行分解，具体分摊到行政事业单位内部各个部门。会计核算可以准确地反映出各部门费用指标的实际使用情况。其次，要加强对收入原始凭证的控制。单位的各项收入都应及时存入银行，要杜绝账外账、"小金库"等各种现象。每一笔具体的收入都要有其相应的原始凭证，时间、金额都要对应，通过对原始凭证的控制来确保收入能够足额入账。加强对结算方式的控制，结算时要尽可能减少经手现金的人员数量以及现金在外流动的时间，收到的现金要尽可能当天送存银行。资金支付尽量采用转账或公务卡报销，不采用现金结算。单位业务人员在需要用款时应提前提出付款申请，并且在申请单上写明支付的方式、金额、用途等内容。审批人应在其权限内对申请的真实性、金额、是否符合预算计划等进行审查，对于符合规定的申请予以批准，不合规定的申请不予批准，并且审批人应对审批结果承担责任，以防止出现越权审批及不当审批的现象。对于领导批准的申请进入财务人员复核程序的，财务人员要对申请的金额、用途，原始凭证的真实性、有效性、程序正当性等进行全面复核。对于手续不齐全的，应要求申请人补齐手续；对于不合规的申请则应退还给领导，要求其纠正批准。最后，出纳根据财务人员复核后的申请，按照其金额及支付方式付款。

第四，票据、印章管理的内部控制。加强与货币资金有关的票据保管和使用。首先，要制定相关的票据管理制度，明确各类票据的领购、保管及使用方法。与支付业务相关的票据应与支付所需印章交由不同人员保管，尤其是支票与财务章不得交由一人保管。一般法人章由出纳保管，财务专用章由主管会计保管，单位的公章则应由单位负责人或授权专人保管。印章的使用要实行使用责任制，在相关负责人签字或盖章之前，要严格履行签字或盖章手续，要设置印章的使用登记簿，签字或盖章之前要履行相关审批手续并登记。

第五，授权审批控制。有效的货币资金授权审批制度需要明确以下几个方面的内容：制定的授权审批制度要根据单位的具体业务状况量身定制，而不应随意套用其他单位的制度。授权审批权限要层次分明，不同级别审批人员的权限及责任要规定清楚。要将授权与责任承担、普通授权与特别授权、个人授权与集体授权等关系处理好。处理个人授权与集体授权的关系时还应注意，既不能出现"一人说了算"的独裁现象，也不能出现"任何人都有否决权"的"全体审批"现象；并且还要防止将财务支出业务分成几部分实行分块审批的"割据审批"现象；还必须明确货币资金支付业务的办理人员的职责，并建立起相应的责任追究制度，每一笔货币资金业务都要按既定的审批流程进行审批，不能出现"先支付后补手续"的现象。

（2）健全银行账户管理控制机制

应加强对行政事业单位银行账户的管理，按照相关规定制定操作流程并严格执行，实行严格的账户审批制度。行政事业单位根据工作需求，提出开立、变更和撤销银行账户的申请，并提供相关材料，经主管单位财务部门审核后，上报给同级财政主管业务部门审核，由同级财政国库管理部门办理批复手续。行政事业单位持财政部门批复，按人民银行有关规定办理开立、变更银行账户手续。同时，要合理设置银行账户。行政事业单位银行账户包括基本存款账户、零余额账户、基本建设账户和其他专用存款账户等。如果发生私设银行账户、随意注销账户的现象，一定要追查相关人员的责任，并采取相应的措施以防止今后此类情况再次发生。加强对银行账户的监督管理。单位应该有专人按规定负责核对银行账户，确保银行账户余额与资产负债表上对应的余额一致，同时要在货币资金内部控制制度中明确加强银行结算业务管理，并通过单位外部的审计来监督这方面的实施情况。

（3）对货币资金的核查控制

在货币资金从流入到流出的过程中，存在着现金安全性的问题。在实际操作中要加强对现金、原始凭证等的管理，并且按照相关法律规定建立账簿，建立定期检查制度，定期盘点库存，及时与银行账目核对。出纳负责现金的收支，其他人员一律不得接触现金；库存现金要严格遵守额度限制的规定，要将超出限额的现金及时存进银行；出纳要每天核对现金，并且要定期与会计账本核对；设置专人进行现金的盘点，核对盘点数额与账面数额是否一致，并且要将核对结果及时上报财务部门负责人；收付款业务要及时完整入账。要将所有的原始凭证连续编号，作废的原始凭证不得随意撕毁或丢弃，要做好相应的管理。

要加强对单位货币资金内部控制的监管力度，建立货币资金内部稽核制度。在监督检查过程中，一旦发现问题就应采取积极有效的措施，并对内部稽核制度进行进一步的纠正和完善。同时，要对相关岗位及人员的安排情况及授权批准制度的执行情况进行监督检查，不允许出现不相容职务串岗及越权审批行为；对印章及票据的保管状况进行监督检查，不允许出现由一人保管所有印章的现象。在设计内部审计工作制度时，要考虑对货币资金等业务进行监督检查的时间段及相关的处理程序。在监督时间点上不仅要定期检查，还要不定期检查，对于检查出来的内部控制可能存在的不足和缺陷，相关监督部门应当进行恰当的记录；对于已经存在的不足进行详细的阐述，并以书面的形式提交给单位领导。

3. 实物资产业务控制

（1）建立健全实物资产管理体系

行政事业单位应合理设置实物资产管理岗位，明确管理部门和相关岗位的职责权限，确保实物资产业务的不相容岗位相互分离、监督和制约。

对实物资产实施归口管理，设置资产管理部门，其管理职能包括：根据国家有关国有资产的法律法规和政策要求，结合各单位的实际情况，制定本单位内部实物资产管理制度和办法；负责资产的产权登记、资产记录、日常保管、清查盘点、统计分析工作，协调处理资产权属纠纷；提供资产基础信息，配合财务部门和政府采购部门开展政府采购预算、计划编制及审核工作；督促业务部门按照相关管理规定要求使用资产，定期检查资产使用情况，确保资产得到有效利用；在管理权限内办理资产处置事宜；定期与财务部门核对资产信息，确保资产完整、账实相符。

此外，单位还要制定严格的授权审批制度，明确授权审批的方式、权限、程序、责任和相关控制措施，划分工作人员的职责范围，提高实物资产的管理效率。

（2）实物资产采购业务控制

建立预算编制、政府采购等部门或岗位之间的沟通协调机制，在编制下一年度预算时，各部门共同审核预算申报情况。合理设置政府采购计划的审批权限、程序和责任。经审核的政府采购计划按照相应程序进行审批。将审批后的政府采购计划下达给各使用单位，作为使用部门办理政府采购业务的依据。责任主体为财务部门、资产管理部门。

使用单位应当根据批复的采购预算和计划提出采购申请。业务部门负责人进行复核。责任主体为采购申请部门。资产管理部门对使用单位的采购申请进行审核。审核重点是采购项目是否符合政府采购计划、采购成本是否在预算指标额度内、采购方式是否合规等。对采购进口产品、变更政府采购方式等事项加强审核和审批。责任主体为资产管理部门。

将招标公告、中标公告等信息在政府采购指定媒体上依法公开。非政府采购项目按单位规定的相关流程进行采购。责任主体为资产管理部门和申请部门。

规定质疑答复工作的职责权限和工作流程。在答复中形成的各种文件由采购管理部门进行归档和保管。质疑和投诉问题要进行定期梳理报告，发现问题，改进工作。采购回来的资产由资产管理部门组织资产使用部门进行验收和安装，验收人应注意查看实物的型号、类别、品目、数量、单价、总价等是否与原始单据、合同相符，资产质量、参数是否符合招标要求。资产管理部门则应检查招标价格是否与合同付款价格相符，严格按照合同约定组织验收并出具验收证明。建立采购业务工作档案，定期分类统计采购信息。内部通报政府采购预算执行情况、采购业务开展情况。责任主体为资产管理部门。

（3）实物资产验收、日常管理控制

严格执行资产验收工作，经过验收合格的资产由资产管理部门按照合同所列资产明细清单登记实物账和卡片，并通知财务部门同步进行资产的价值账登记，实物资产账上应详细记录资产的去向、用途、经手人等，明确使用单位和责任人。执行入账审核工作，使入账、审核分离、政府采购互相制约。入账工作人员在第一次入账后，在购置发票上加盖红章，防止发生重复入账的情况。责任主体为资产管理部门和资产使用部门。

各资产使用部门领用实物资产后，应办理相应的领用、借用、归还等手续，加强对资产的维护、维修，提高资产的使用效率。资产归口管理部门定期对资产的使用情况进行检查，及时将闲置资产在各部门之间进行合理调配。

建立并使用资产信息管理系统对资产进行管理，明确资产使用人在资产管理中的责任，实行统一领导、归口管理、分级负责、责任到人的管理体制；建立资产清查制度，撰写资产清查手册，严格按照资产清查相关规定执行，并要求清查部门出具资产清查报告；及时做好资产统计、报告、分析工作，并进行资产信息的内部公开。责任主体为资产管理部门、资产使用部门和资产管理人。

（4）实物资产处置控制

单位明确资产处置的范围、标准、流程和审批权限等。资产处置方式包括出售、出让、转让、置换、报损、报废、捐赠、无偿调拨（划转）等。处置资产的范围包括闲置资产、低效运转或者超标准配置的资产；因技术原因并经过科学论证，确需报废、淘汰的资产；因单位分立、撤销、合并、改制、隶属关系改变等原因发生产权转移的资产；盘亏、呆账及非正常损失的资产；已超过使用年限无法继续使用的资产；依照国家有关规定需要处置的其他资产。

资产使用部门将待报废的资产进行清理后上报给资产管理部门，按照有关程序进行处置。资产管理部门组织技术人员和资产使用部门对拟处置资产进行现场鉴定，对不符合处置要求的，退回资产使用部门进行重新申报；对于仍有利用价值的闲置资产执行闲置调剂流程，对在调剂期内却无其他部门响应的，依规定组织报废回收；资产管理部门与申请部门对报废资产进行现场交接，签订报废报损交接单，存档以便日后对账、查证。对于处置后资产减少的资产使用部门，按照配置标准准许该部门做资产增量预算，同时，资产管理部门和财务部门同步做资产实物账和价值账减少的登记。

须按照审批处置权限，经单位、主管部门、同级财政部门审核审批同意后办理资产的处置手续。资产处置收益实行"收支两条线"的规定，处置收益应及时上缴国库。

4.无形资产业务控制

单位内部无形资产管理制度主要包括：无形资产登记制度、无形资产使用管理制度、无形资产处置管理制度、无形资产档案管理制度、无形资产清查和报告制度等。合理设置无形资产管理岗位，明确相关部门和管理岗位的职责权限，建立无形资产业务的不相容岗位相分离机制；制定严格的无形资产业务授权审批制度，明确授权批准的方式、权限、程序和相关控制措施，严禁未经授权的部门或个人经办无形资产业务。

无形资产业务管理流程具体包括无形资产投资预算编制，自行研发无形资产预算编制，无形资产取得与验收、使用与保管、处置等业务环节的控制要求。及时进行账务处理，确保无形资产业务全过程得到有效控制。

单位根据工作需要拟定无形资产投资项目，综合考虑市场因素和单位实际情况，对项目可行性进行分析和论证，编制无形资产投资预算，按规定进行审批，确保无形资产投资的科学合理性。

对于无形资产外购，单位应建立请购和审批制度，明确请购部门和审批部门的职责权限和相应业务程序。无形资产采购过程应规范、透明。重大无形资产采购，应采取招标方式进行。

单位应执行严格的无形资产验收程序，确保无形资产符合使用要求。对于外购的无形资产，应及时取得无形资产所有权的有效证明文件；对于自行研发的无形资产，应由研发部门、资产管理部门、财务部门、使用部门共同填制验收单，再移交至资产使用部门使用；对于通过投资者投入、接受捐赠等其他方式取得的无形资产，应及时取得相关资产的有效证明文件，办理验收手续。

资产使用部门负责无形资产的日常使用管理，确保无形资产的安全完整。单位按照无形资产的性质明确无形资产的保全范围和要求，避免无形资产因各种原因发生损失。同时，单位应妥善保管无形资产的各种文字资料，避免无形资产受损、被盗、被毁，对重要资料提前做好备份工作。对技术资料等无形资产的保管和接触应有记录，未经授权，管理人员不得直接接触技术资料等无形资产。此外，单位还应该注重定期评估和及时更新无形资产工作，加大自主创新和技术升级投入力度，确保技术处于领先地位。

单位明确无形资产处置的程序和审批权限，按照要求办理无形资产处置业务。首先由使用部门提出处置申请，资产管理部门组织人员进行经济和技术鉴定，出具处置呈批单。按照审批权限，由单位、主管部门、同级财政部门对处置申请进行审批。

第四章 行政事业单位的财务分析和监督

第一节 行政事业单位的财务分析

一、财务分析概述

（一）财务分析的含义

财务分析是以会计核算、报表资料及其他相关资料为依据，采用一系列专门的分析技术和方法，对企业等经济组织过去和现在有关筹资活动、投资活动、经营活动、分配活动的盈利能力、营运能力、偿债能力和增长能力状况等进行分析与评价的经济管理活动。它为企业的投资者、债权人、经营者及其他关心企业的组织或个人了解企业过去、评价企业现状、预测企业未来、做出正确决策提供准确的信息或依据。财务分析是一门综合性、边缘性较强的经济应用学科。

1. 财务分析是一门综合性、边缘性学科

财务分析是在企业经济分析、财务管理和会计核算的基础上发展形成的一门综合性、边缘性学科。

2. 财务分析有完整的理论体系

财务分析有完整的理论体系，如财务分析的内涵、财务分析的目的、财务分析的作用、财务分析的内容、财务分析的原则、财务分析的形式、财务分析的组织等，都日趋成熟。

3. 财务分析有健全的方法论体系

财务分析有专门的技术方法，如水平分析法、垂直分析法、趋势分析法、比率分析法等，都是财务分析的专门和有效的分析方法。

4. 财务分析有系统、客观的资料依据

财务分析中最基本的资料是财务报表。

5. 财务分析有明确的目的和作用

财务分析的目的受财务分析主体和财务分析服务对象的制约。

关于财务分析的含义，有多种表达。美国南加州大学教授认为，财务分析的本质是搜集与决策有关的各种财务信息，并加以分析和解释的一种技术；还有学者认为，财务分析是一种判断的过程，旨在评估企业现在或过去的财务状况及经营成果，其主要目的在于对企业未来的状况及经营业绩进行最佳预测。

（二）行政事业单位财务分析的含义

行政事业单位和企业的业务方向、业务内容不同，但财务分析的基本方法、基本原理是一致的。对于各类组织，财务分析都是其财务管理的一项重要内容。

行政事业单位财务分析，主要是指依据财务报表和其他有关信息资料，运用系统、科学的财务分析方法，对行政事业单位的财务活动过程及其业绩成果进行研究、分析和评价，以利于行政事业单位的管理者、投资者，以及政府管理机构掌握行政事业单位的资金活动情况并进行营运决策的一项管理活动。

行政事业单位的财务分析可以从以下几个方面加以考查：

1. 财务分析的主体

财务分析的主体，即对行政事业单位的财务活动进行分析的机构和个人，主要有行政事业单位的专职业务人员及主管领导、上级主管部门、财政税务部门，以及政府管理机构等。

2. 财务分析的客体

财务分析的客体，即财务评价的对象，包括行政事业单位的财务状况、业绩成果及资金活动情况与趋势等。

3. 财务分析的依据

财务分析的依据主要是行政事业单位编制的财务报表，包括资产负债表、收支总表、支出决算表等。

4. 财务分析的目的

财务分析的目的主要有三方面：一是为财务报表的使用者所要做出的相关决策提供客观的、可靠的依据；二是对公共资源的配置使用结果及其效益做出客观评价；三是促进行政事业单位加强和改进财务管理工作。

（三）行政事业单位财务分析的意义和依据

对于主要以财政资金作为资金来源的行政事业单位来说，开展财务分析具有特别重要的意义。

1. 促进行政事业单位加强预算管理，保证公共预算顺利实现

预算是行政事业单位执行国家政策、开展业务活动的基础。预算编制得是否科学、合理，直接反映在预算的执行结果汇编——各单位的财务报告中。通过财务分析，可以了解单位预算编制的科学合理性、预算执行的合规性，及时总结经验和教训，避免偏差，保证预算顺利实现。

2. 增强行政事业单位对业务发展状况的规律性认识

行政事业单位开展财务分析，能够更好地认识和掌握收支管理的规律，总结先进经验，找出单位存在的问题，促进单位全面分析财务问题，预测单位的财务风险承受能力，为改善管理、提高效益提供依据。

3. 促进行政事业单位严格执行财务制度、严格遵守财经纪律

通过财务分析，了解、检查单位是否认真执行财务制度、严格遵守财经纪律，有无违法行为，促进单位财务管理工作健康有序地开展。

4. 有利于政府机构的管理和加强宏观经济调控

开展财务分析，对行政事业单位的财务活动进行评价，及时反映单位的预算执行进度，为宏观管理的有效性以及宏观决策的客观性提供了必要的保证。

对于主要以财政资金作为其资金来源的行政事业单位来说，必须依据相关

规定、原则和要求进行财务分析。其依据是：①国家有关方针、法律、政策、法规、财务制度和财经纪律；②经国家批准的各项费用收支标准、人员编制和定额指标；③经有关部门批准的公共组织发展计划、业务工作方面的管理规定和办法；④公共组织的预算资料、决算资料和会计核算资料；⑤其他有关数据和资料。

二、财务分析的形式和步骤

（一）财务分析的形式

1. 按照财务分析的内容划分

（1）全面分析

全面分析是指对行政事业单位的各项财务活动进行全面、系统的综合分析。主要包括：①单位执行政策法规、财务制度和遵守财经纪律的情况；②单位的基本数字情况、行政业务工作情况；③单位的预算资金、收支管理情况；④单位的资产负债管理情况；⑤单位的资金使用效益情况。

全面分析工作时间长、工作量大，要借助各种综合性资料有计划地进行。

（2）专题分析

专题分析是针对财务活动中某个特定项目、特定政策或特定问题进行的专项分析。比如，为了控制行政事业单位的公用经费开支，可对差旅费、招待费、车辆运行费等支出情况进行专项分析。专项分析重点突出、针对性强、方式灵活，是行政事业单位在财务分析中经常运用的一种方法。

2. 按照财务分析的过程划分

（1）事前分析

事前分析又称预测分析，是指在财务活动实施之前，对财务活动的可行性、可靠性所进行的分析预测。一般来说，行政事业单位在编制年度预算之前，都需要进行事前分析。

（2）事中分析

事中分析又称控制分析，是指对某一个阶段或某一个特定时间的财务活动所进行的分析。这种分析可以及时发现问题，总结经验，纠正偏差。行政事业单位在每季度末都应对预算执行情况进行分析。

（3）事后分析

事后分析又称总结分析，是指在某项财务活动结束后所进行的总结分析。行政事业单位的年度财务决算分析，就属于典型的事后分析。

3. 按照财务分析的阶段性划分

（1）定期分析

定期分析是指按照规定的时间对财务活动进行的分析。它一般在财务报告期（月、季、年度）结束后进行。

（2）不定期分析

不定期分析是一种临时性的检查分析，是为了研究和解决某些特定问题或者按照上级部门的要求，临时进行的一种分析。

（二）财务分析的步骤

1. 财务分析信息搜集整理阶段

明确财务分析的目的、范围，制订财务分析计划，搜集整理财务分析信息。

2. 会计分析阶段

会计分析的目的在于评价行政事业单位会计所反映的财务状况与经营成果的真实程度。通过对会计政策、会计方法、会计披露的评价，揭示会计信息的质量；通过对会计灵活性、会计估价的调整，修正会计数据，为财务分析奠定基础，并保证财务分析结论的可靠性。会计分析一般可按以下步骤进行：①阅读会计报告；②比较会计报表；③解释会计报表；④修正会计报表信息。

会计分析是财务分析的基础。通过会计分析，对发现的由会计原则、会计政策等原因引起的会计信息差异，应通过一定的方式加以说明或调整，解决会计信息失真问题。

3. 财务分析的实施阶段

（1）财务指标分析

财务指标包括绝对指标和相对指标两种。对财务指标进行分析，特别是进行财务比率指标分析，是财务分析的一种重要方法或形式。财务指标能准确反映某方面的财务状况。进行财务分析，应根据分析的目的和要求选择正确的分析指标。正确选择与计算财务指标是正确判断和评价行政事业单位财务状况的关键。

（2）基本因素分析

财务分析不仅要解释现象，而且要分析原因。因素分析法就是在报表整体分析和财务指标分析的基础上，对一些主要指标的完成情况，从其影响因素的角度，深入地进行定量分析，确定各因素对其影响的方向和程度，为行政事业单位正确进行财务评价提供最基本的依据。

4. 财务分析综合评价阶段

（1）财务综合分析与评价

财务综合分析与评价是在应用各种财务分析方法进行分析的基础上，与定性分析判断及实际调查情况结合起来，得出财务分析结论的过程。财务分析结论是财务分析的关键步骤，是判断财务分析质量的唯一标准。

（2）财务预测与价值评估

财务分析既是一个财务管理循环的结束，又是另一个财务管理循环的开始。应用历史或现实财务分析结果预测未来财务状况与行政事业单位的价值，是现代财务分析的重要任务之一。

财务分析不能仅满足于事后分析原因，得出结论，而且要对行政事业单位未来发展及价值状况进行分析与评价。

（3）财务分析报告

财务分析报告是财务分析的最后步骤。它将财务分析的基本问题、财务分析结论，以及针对问题提出的建议以书面形式表示出来，为财务分析主体及财务分析报告的其他受益者提供决策依据。财务分析报告作为对财务分析工作的总结，还可作为历史信息，供后来的财务分析参考，保证财务分析的连续性。

三、财务分析的指标体系和方法

要保证财务分析结果的正确，财务分析者所采用的分析指标和分析方法具有重要影响。

（一）财务分析的指标体系

行政事业单位财务分析的指标包括预算收入和支出完成率、人员支出与公用支出分别占事业支出的比率、人均基本支出、资产负债率等。主管部门和行政事业单位可以根据本单位的业务特点增加财务分析指标。

行政事业单位财务分析的指标主要包括支出增长率、当年预算支出完成率人均开支、项目支出占总支出的比率、人员支出占总支出的比率、公用支出占总支出的比率、人均办公使用面积、人车比例等。行政事业单位可以根据其业务特点，增加财务分析指标。

（二）财务分析的常用方法

财务分析的方法有很多种，可分为定性分析法和定量分析法两大类。

1. 定性分析法

定性分析法是指对行政事业单位各项财务指标变动的合法性、合理性、可行性、有效性进行科学的论证和说明。定性分析法主要包括经验判断法、会议分析法、专家分析法、类比分析法。

（1）经验判断法

经验判断法是分析人员在了解过去和现实资料以及定量分析结果的基础上，充分考虑行政事业单位内外条件变化，运用个人的经验和知识做出判断的一种方法。这种分析方法主要靠个人的经验，做出的判断带有一定的主观性，其缺点十分明显。一般来说，这种方法是在条件限制或时间紧迫的情况下，不得不采取的一种权宜方法。

（2）会议分析法

会议分析法是由分析人员召集熟悉分析对象情况、有经验的有关人员开会，按照预先拟定的分析提纲进行分析、研究、讨论的一种方法。这种方法充分发扬民主，广泛征求意见，然后整理、归纳、分析各方面的意见，判断未来的情况，并做出分析结论。这是一种集思广益的方法，但这种分析方法会产生意见不一致的情况，给做出正确的分析结论带来困难。

（3）专家分析法

专家分析法是邀请一组专家开会座谈，在互相交换情报资料，经过充分讨论的条件下，把专家们的意见集中起来，做出综合分析判断。这种方法与会议分析法有相同的优点，但同样是个人的直观判断，具有一定的主观性。

（4）类比分析法

类比分析法是指在分析者掌握与分析对象有关的过去的资料、现在的情况等数据及其变化规律的基础上，利用所掌握的这些资料与其分析对象之间的类比性来进行推测。这种分析虽然也主要是靠人的经验和认识来进行判断的，但它有一定的客观依据进行比较，所以能提高分析信息的可靠性。

2. 定量分析法

定量分析法主要包括比较分析法、比率分析法、因素分析法。上述各方法有一定程度的重合。在实际工作当中，比率分析方法应用得最广。

（1）比较分析法

比较分析法是通过对比两期或连续数期财务报告中的相同指标，确定其增减变动的方向、数额和幅度，来说明行政事业单位财务状况或经营成果变动趋势的一种方法。

比较分析法的具体运用主要有重要财务指标的比较、会计报表的比较和会计报表项目构成的比较三种方式。

重要财务指标的比较是将不同时期财务报告中的相同指标或比率进行比较，直接观察其增减变动情况及变动幅度，考查其发展趋势，预测其发展前景。对不同时期财务指标的比较，可以有三种方法：①定基动态比率，是以某一时期的数额为固定的基期数额而计算出来的动态比率；②环比动态比率，是以每一分析期的前期数额为基期数额而计算出来的动态比率；③绝对数分析法，是将不同时期、相同项目的绝对金额进行比较，以观察其绝对额的变化趋势。

会计报表的比较是将连续数期的会计报表的金额并列起来，比较其相同指标的增减变动金额和幅度，以判断行政事业单位财务状况和经营成果发展变化的一种方法。

会计报表项目构成的比较是在会计报表比较的基础上发展而来的。它是以会计报表中的某个总体指标作为100%，再计算出其各组成项目占该总体指标的百分比，来比较各个项目百分比的增减变动情况，以此来判断有关财务活动的变化趋势。但在采用趋势分析法时，必须注意以下问题：①用于进行对比的各个时期的指标，在计算口径上必须一致；②剔除偶发性项目的影响，使分析的数据能反映行政事业单位正常的财务状况；③应用例外原则，应对某项有显著变动的指标做重点分析，研究其产生的原因，以便采取对策，趋利避害。

（2）比率分析法

比率分析法是指利用财务报表中两项相关数值的比率揭示行政事业单位财务状况的一种分析方法。根据分析的目的和要求不同，比率分析主要有以下三种：①构成比率，又称结构比率，是某个经济指标的各个组成部分与总体之间的财务比率，反映部分与总体的关系。利用构成比率可以考查总体中某个部分的形成和安排是否合理，以便协调各项财务活动。②效率比率，是某项经济活动中所费与所得的比率，反映投入与产出的关系。利用效率比率指标，可以进行得失比较，考查单位的经营成果，评价其经济效益。③相关比率，是根据经济活动客观存在的相互依存、相互联系的关系，以某个项目和与其有关但又不同的项目加以对比所得的比率，反映有关经济活动的相互关系，如流动比率。

比率分析法的优点是计算简便，计算结果容易判断，采用这一方法时，对比率指标的使用应该注意以下几点：①对比项目的相关性。计算比率的子项和母项必须具有相关性，把不相关的项目进行对比是没有意义的。②对比口径的一致性。计算比率的子项和母项必须在计算时间、范围等方面保持口径一致。③衡量标准的科学性。运用比率分析，需要选用一定的标准与单位的财务状况对比，以便对其做出评价。通常而言，科学合理的对比标准有：预定目标、历史标准、行业标准、公认标准。

（3）因素分析法

因素分析法是依据分析指标与其影响因素的关系，从数量上确定各因素对分析指标影响方向和影响程度的一种方法。采用这种方法的出发点是，当有若干因素对分析对象发生影响作用时，假定其他各个因素都无变化，确定每一个因素单独变化所产生的影响。

因素分析法有两种：连环替代法和差额分析法。采用因素分析法时，必须注意以下问题：①因素分解的关联性；②因素替代的顺序性；③顺序替代的连环性；④计算结果的假定性。

四、财务分析报告的编写

财务分析报告是指行政事业单位在一定会计期间对单位进行财务活动情况分析的书面性报告，是把行政事业活动和财务状况分析的数据、情况、成绩、问题、原因等，向有关领导和部门进行反映和说明的总结性书面报告。

（一）财务分析报告的分类

1. 按财务分析报告的内容和范围分类

（1）综合分析报告

综合分析报告，是行政事业单位依据会计报表、财务分析表及经营活动、财务活动所提供的信息，运用一定的分析方法，对单位的财务活动及对本期或下期财务状况将产生重大影响的事项做出客观、全面、系统的分析和评价，并进行必要的科学预测而形成的书面报告。它具有内容丰富、涉及面广的特点，并对财务报告使用者做出各项决策有深远影响。它还具有以下两方面的作用：①为单位的重大财务决策提供科学的依据。由于综合分析报告几乎涵盖了对单位财务计划各项指标的对比分析和评价，能使活动成果和财务状况一目了然，及时反映出单位存在的问题，这就为管理者做出当前和今后的财务决策提供了科学依据。②作为重要的历史参考资料。全面、系统的综合分析报告，可以作为今后单位财务管理进行动态分析的重要历史参考资料。在撰写综合分析报告时，必须对分析的各项具体内容的轻重缓急做出合理安排，既要全面，又要抓住重点。

（2）专题分析报告

专题分析报告，是指针对某一时期行政事业单位业务活动中的某些关键问题、重大措施或薄弱环节等进行专门分析后形成的书面报告。它具有不受时间限制、一事一议、易被管理者接受、收效快的特点。因此，专题分析报告能总结经验，引起领导和业务部门的重视，从而提高管理水平。

（3）简要分析报告

简要分析报告，是对一定时期内行政事业单位的财务活动存在的问题或比较突出的问题，进行概要的分析而形成的书面报告。

简要分析报告具有简明扼要、切中要害的特点，主要适用于定期分析，可按月、按季进行编制。

2. 按财务分析的时间分类

（1）定期分析报告

定期分析报告，一般是由上级主管部门或行政事业单位内部规定的，每隔一段相等的时间应予编制和上报的财务分析报告，如每半年、每年末编制的综合财务分析报告就属定期分析报告。

（2）不定期分析报告

不定期分析报告，是从行政事业单位财务管理和业务经营的实际需要出发，不根据时间规定而编制的财务分析报告，如前文提到的专题分析报告就属于不定期分析报告。

（二）财务分析报告的格式和内容

1. 提要部分

提要部分，即概括行政事业单位综合情况，让财务报告接受者对财务分析说明有一个总括的认识。

2. 说明部分

说明部分是对行政事业单位运行及财务现状的介绍。该部分要求文字表述恰当、数据引用准确。对财务指标进行说明时可适当运用绝对数、比较数及复合指标数，特别要关注单位当前运作的重心，对重要事项要单独反映。

3. 分析部分

分析部分是对行政事业单位的业务活动情况进行分析研究。在说明问题的同时还要分析问题，寻找问题的原因和症结，以达到解决问题的目的。财务分析一定要有理有据，要细化分解各项指标，突出表达分析的内容。分析问题一定要善于抓住当前要点，多反映单位运行焦点和易被忽视的问题。

4. 评价部分

做出财务说明和分析后，对于业务情况、财务状况、成果业绩，应该从财务角度给予公正、客观的评价和预测。评价要从正面和负面两方面进行，评价既可以单独分段，也可以将评价内容穿插在说明部分和分析部分。

5. 建议部分

建议部分是财务人员在财务分析后形成的意见和看法，特别是对存在的问题所提出的改进建议。财务分析报告中提出的建议要具体化，要有一套切实可行的方案。

（三）撰写财务分析报告的注意事项

1.积累素材，为撰写报告做好准备

（1）建立台账和数据库

财务人员通过会计核算可以形成会计凭证、会计账簿和会计报表，但是编写财务分析报告仅靠这些凭证、账簿、报表的数据往往是不够的。这就要求财务人员平时要做好大量的数据统计工作，对分析的项目按性质、用途、类别、区域、责任人，按月度、季度、年度进行统计，建立台账，以便在编写财务分析报告时有据可查。

（2）关注重要事项

财务人员对业务运行、财务状况中的重大变动事项要勤于做笔录，记载事项发生的时间、计划、预算、责任人及发生变化的各影响因素。必要时马上做出分析判断，并将各类和各部门的文件归类、归档。

（3）关注业务运行

财务人员应尽可能争取多参加相关会议，了解行政、事业等各类情况，听取各方面意见。

（4）定期收集报表

财务人员除收集会计核算方面的数据之外，还应要求各相关部门及时提交可利用的其他报表，对这些报表要认真审阅，及时发现问题，总结问题。

（5）岗位分析

所有财务人员应养成对本职工作进行分析的习惯，这样既可以提升个人素质，也有利于各岗位之间相互借鉴经验。只有每一个岗位都能发现问题、分析问题，才能编写出内容全面的、有深度的财务分析报告。

2.建立财务分析报告指引

建立财务分析报告指引，将常规分析项目文字化、规范化、制度化，可以达到事半功倍的效果。

总之，内容完整、格式统一、数据准确、条理清楚、文字简练、重点突出、说理透彻、评价正确、建议合理、措施可行是编写财务分析报告的总体写作要求。

第二节　行政事业单位的财务监督

一、财务监督概述

（一）财务监督的含义与特点

财务监督是指根据国家有关方针、政策和财务制度的规定，运用单一或系统的财务指标对行政事业单位的活动或业务活动进行的观察、判断、建议和督促。它通常具有较明确的目的性，督促单位各方面的活动合乎程序与要求，促进单位各项活动的合法化、管理行为的科学化。它是行政事业单位工作的重要组成部分，也是国家财政监督的基础。

财务监督是财务管理的基本职能之一。与其他监督形式相比，财务监督具有以下两方面的特点：

第一，财务监督主要通过价值指标来进行。财务监督的主要依据是日常会计核算和财务管理工作中生成的一系列价值指标体系。相对于经济活动的监督作用而言，财务监督是一种更为有效的监督方式。

第二，财务监督是对行政事业单位财务活动全过程的监督。全过程监督的范围广，内容多，涉及行政事业单位财务活动的各个方面、各个环节，如涉及预算、决算管理、收支管理、资产管理、负债管理、定员定额管理、专用基金管理、专项资金管理、结余管理等，还包括对会计报表、账簿和会计凭证的检查，以及对单位工作及其成果、人员编制等情况的监督。对财务活动全过程的监督是财务监督最具特色之处。

（二）财务监督的作用

财务监督的作用是指在对行政事业单位的财务活动进行监督的过程中所产生的社会效果。

1. 有利于维护财务制度和财经纪律

通过对行政事业单位财务活动的监督审查，了解其执行国家方针、政策、财务制度及财经纪律的情况。通过对违法违纪行为及私设"小金库""小钱柜"等现象的查处，及时揭示行政事业单位财务管理中存在的问题和各种违法乱纪行为，使行政事业单位财务工作置于法规的监督之下，维护社会主义经济秩序，巩固社会主义法制。

2. 有利于保障行政事业单位预算的圆满实现

通过财务监督，促使各行政事业单位加强预算的管理，制定出符合本地区、本单位实际情况的切实可行的预算方案，促使行政事业单位各项收支按预算的进度执行，保证其业务工作的资金供应，并对预算执行过程出现的问题及时采取措施加以解决，保证预算收支平衡，促进行政事业单位行政事业计划及工作任务的完成。

3. 有利于确保国有资产的安全和完整

通过财务监督，可以促进行政事业单位加强国有资产的管理，合理配置并有效使用国有资产，防止国有资产流失和非正常损坏，揭露、打击任何侵占和损害国有资产的行为。促使各行政事业单位自觉依法理财，保证行政事业单位财务活动的合法化及合理化，保证财政资金安全、合理、有效地使用。

4. 有利于促进行政事业单位增收节支，提高社会效益及经济效益

通过对行政事业单位财务活动进行全面分析，能够及时掌握各行政事业单位人力、财力、物力等各种资源的使用情况，督促各行政事业单位加强和改进对人、财、物的管理，深入挖掘单位内部潜力，增收节支，用有限的资金创造出更多的社会效益和经济效益。

（三）财务监督的依据

财务监督的依据包括国家的有关方针政策、法律法规、财务制度及财经纪

律；经国家批准的各项费用开支标准、人员编制和定额指标；经有关部门批准的行政事业发展计划、业务工作的管理规定及方法；公共组织的预算资料、决算资料和会计核算资料；其他有关社会效益、生态效益的数据和资料。

二、财务监督的内容

财务监督贯穿财务管理的各个方面、各个环节，监督的内容应该是行政事业单位的整个财务活动。

（一）监督预算和计划的编制及执行

对监督预算和计划的编制、执行和决算，以及效果等方面的监督，是财政监督的核心和主体。监督的目的是保证不打赤字预算，增收节支，并依照量入为出、尽力而为、坚持收支平衡的原则，按预算法律制度以及会计、金库制度办事。

（二）监督财政收入正确、及时、定额上缴

为了保证按分配政策的规定，把应归国家财政的收入及时、均衡、稳妥地上缴国库，必须加强对税收的征收管理和监督。通过税收监督，促使各地区、各部门、各单位和个人遵守税法规定，照章纳税。制止违反税法和税收制度的规定，随意减税、免税、偷税、漏税、拖欠、截留和挪用税款的行为。

（三）监督财政投资资金的分配、使用和管理

财政投资资金的分配、使用和管理的好坏，会直接或间接地对国民经济产生影响，因此，要对其进行监督，以使其向有利于国民经济良性循环的方向发展。

（四）监督行政事业经费的使用和管理

通过行政事业单位预算的编报、执行、报账和财政部门的审批、拨款、检查、审核等工作，监督各行政事业单位贯彻执行勤俭办一切事业的方针，精打

细算，少花钱、多办事、办好事。

（五）监督国民经济各部门、各企业、各单位对财政经济制度的执行情况

监督国民经济各部门、各企业、各单位严格执行贯彻财政方针政策、财政计划和财政制度，如预决算制度、税收法令、国有企业成本开支范围和财务会计制度。

（六）监督资产管理与使用

监督各行政事业单位的现金管理是否符合国家规定，有无坐支现金、非法挪用、随意借支、"白条"抵库及私设"小金库"等情况；各种存款是否按国家规定开立账户，办理存款、取款和转账结算等业务；各种应收款项是否及时足额收回，预付款项是否及时清理、结算，长期不清的债权债务是否查明原因并及时处理；存货、库存材料、固定资产等各项财产的来源是否合法；无形资产的取得和转让是否符合国家规定；对外投资是否按规定报批，用于投资的实物和无形资产是否进行了评估，是否造成国有资产流失现象，投资项目的选择是否恰当等。

（七）监督专用基金、专项资金和周转金

监督专用基金、专项资金和周转金主要包括：①专用基金是否按规定的比例提取，是否做到专款专用、先提后用、量入为出，是否设置专门账户进行管理。②专项资金是否按规定的项目和用途使用，使用效益如何，有无截留挪用现象。③周转金是否按核定的定额执行。具体来说，包括支持事业发展的周转金是否按规定程序报批，是否按规定用途使用，使用效益如何，是否按期归还，等等。

（八）其他方面的监督

监督行政事业单位内部财务管理制度是否建立健全；是否建立了完善的内部控制制度；是否实行了严格的岗位责任制。

三、财务监督的形式和原则

（一）财务监督的形式

财务监督按照不同的划分标准可分为不同的形式。

1.按监督主体分类

（1）内部监督

内部监督是指行政事业单位自行组织的，由内部机构或人员对本单位的财务收支、经营管理活动及其经济效益进行监督，检查其真实性、正确性、合法性、合规性和有效性，并提出意见建议的一种监督活动。内部监督包括一般监督和专门监督，其中一般监督主要包括层级行政监督、主管监督和职能监督，专门监督主要包括行政监察和审计监督。内部监督的主要目的是健全单位内部控制制度，提高财务管理水平。

（2）外部监督

外部监督是指由行政事业单位外部有关机构和人员对本单位的财务收支、经营管理活动及资金使用情况进行监督。行政外部监督有两大类：第一类是法制监督，第二类是社会监督。法制监督包括：立法监督、司法监督、检查监督、党的监督。社会监督包括：社会舆论、公民批评、公民投票、社会中介组织等按照国家规定对行政事业单位财务活动所进行的监督。外部监督的目的在于监督检查行政事业单位财务活动的合法性、合规性和有效性。

2.按监督内容的范围分类

（1）全面监督

全面监督是指对行政事业单位一定时期内所有财务活动所进行的监督。全面监督一般在年终进行，也可根据需要临时确定监督时间。由于全面监督涉及面广、内容多、工作量大、要求高，因此一般应组织专业人员进行。

（2）专项监督

专项监督是指对行政事业单位的某一项财务活动进行的监督。专项监督的内容单一，针对性强。

3.按监督实施的时间分类

（1）事前监督

事前监督是指在行政事业单位财务活动实施以前所进行的监督，是一种积极的、预防性的监督。

（2）事中监督

事中监督是指在行政事业单位财务活动进行过程中所进行的监督。事中监督贯穿行政事业单位财务活动的始终，涉及行政事业单位财务活动的各个环节、各个方面。

（3）事后监督

事后监督是指在行政事业单位财务活动发生以后对其结果进行的监督。事后监督可定期进行，也可不定期进行，主要检查监督行政事业单位年度决算情况、各项资金使用情况，以及会计资料的真实性、准确性和可靠性等。

4.按监督实施的频率分类

（1）经常性监督

经常性监督是指对行政事业单位财务活动实施的日常监督。经常性监督是财务监督的主要形式，通过对行政事业单位的各项财务活动进行随时的、经常性的监督检查，可及时发现问题。

（2）定期监督

定期监督是定期对行政事业单位全部或部分财务活动进行的常规性监督。定期监督，便于定期检查工作，总结经验，发现问题，改进管理。

（3）不定期监督

不定期监督又可被分为临时性监督和规定性监督两种。临时性监督是为了了解被监督对象的工作情况而进行的突击性检查，它对防止不法行为的发生具有积极意义。规定性监督是有关法规明确规定的不定期监督。

（二）财务监督的原则

1.坚持原则性和灵活性的统一

严格执行财务制度，执行财务纪律，这就是原则性。原则不能违背，否则就会犯错误，严重的甚至会犯法。所谓灵活性，就是在执行财务制度的过程中，做些技术性的合理处理。原则性在财务管理中占主导地位，灵活性不能影响原则性，这是基本的要求。

2. 实事求是

实事求是，就是对于检查发现的问题要如实、全面、准确地反映与汇报，不扩大，不缩小，不隐瞒，也不说假话。

3. 具体问题具体分析

在处理与解决问题时，要对问题的性质以及错误的事实、情节、原因、后果、背景等进行具体分析研究，根据问题的大小与轻重程度、性质和政策规定，做恰如其分的处理。

4. 让事实和数据说话

对检查出的问题，既不能轻率地下结论，也不能凭自己的好恶、情感和主观推测办事，必须有证据，事实和数据确凿，并经得起历史的检验，切忌朝令夕改。

（三）强化行政事业单位财务监督的对策

1. 强化财经法规的宣传教育力度，营造财务监督的积极氛围

各级财政、税务、审计等部门应加大对财经法规的宣传力度，将其纳入日常工作中，定期或不定期地将新出台的财经法规和财务监督管理规章制度向行政事业单位的职工及财务人员，尤其是领导人员进行宣传，并组织相应的考试考核，使他们加深对新财经法规和相关规章制度的了解。

2. 完善行政事业单位内部财务监督

（1）健全内部财务监督机制

健全行政事业单位的非税收入的管理制度，并加强对其贯彻落实情况的检查力度，可由地方财政组织相关部门对各行政事业单位的非税收入进行征缴清查。

（2）建立行政事业单位内部民主的理财制度

实行财务公开制度，内部审计人员和职工代表大会对本单位的凭证和账表进行定期的审计，并将审查的结果进行公布，接受外部的监督。

（3）进一步完善结报制度

对行政事业单位的罚没收入等非税收入，严格执行收支两条线的规定。非税收入不得以任何方式进入单位行政支出账户，同时建立收入备查账，定期与

有关财政科室核对。

（4）建立会计核算中心人员的考核机制

强化责任追究，增强工作责任。加强对财会人员的培训教育，充分发挥内部财务部门的财务监督作用。

3. 强化行政事业单位的外部财务监督

各级财务职能部门应加强对行政事业单位的财务监督，定期或不定期地进行检查，严格查处违反财经法规的案件，尤其要强化对行政事业单位日常的财务监督管理。

第五章　行政事业单位会计的基本核算方法

第一节　会计科目

　　行政事业单位会计科目是对会计对象（会计要素）的具体内容进行分类核算的类目。它是设置账户、进行账务处理的依据。会计科目是对会计对象的基本分类，为了提供更为具体的会计信息，还需要对会计对象做进一步的具体分类，从而将其分为若干会计科目。为了使行政事业单位会计提供信息的口径一致，便于相互比较和理解，应按照一定的原则设置会计科目。

一、设置会计科目的原则

（一）会计科目应具有统一性

　　为了保证会计科目的名称与核算内容一致，便于财政部门和上级主管部门对会计核算资料的综合汇总和分析利用，行政事业单位会计科目中的总账科目和二级科目，应由财政部门或主管部门统一制定，各单位必须使用财政部门统一制定的会计科目，不得随意变更和增减。

（二）会计科目应与预算收支科目相适应

会计科目的性质和内容与行政事业单位预算收支科目相适应，才能把会计科目所记录和反映的结果同单位预算收支的结果进行比较分析，以满足预算管理的需要。

（三）会计科目的设置要简明易懂、简便易行

设置会计科目，既要使其全面、系统地反映和监督预算资金活动的过程和结果，又要使科目名称简要明白、对应关系清楚、方便账务处理。

二、行政事业单位会计科目的分类和编号

行政事业单位会计科目按其不同的会计基础，分为财务会计科目与预算会计科目；按其提供指标的详细程度，可分为总账科目和明细科目两种。

总账科目是对会计对象具体内容进行总括分类的会计科目。在会计科目表中，财务会计科目分为资产类、负债类、净资产类、收入类和费用类等五类，预算会计科目分为预算收入、预算支出与预算结余等三类。

明细科目是对总账科目核算的具体内容进行详细分类的会计科目。它是总账科目的具体说明，对总账科目起补充和分析的作用。

为了便于编制凭证、登记账簿、查阅科目、提高记账效率，并为逐步实现会计电算化创造条件，对每一个会计科目，除了统一名称外，通常还要为每个科目编一个代用符号，这个代用符号被称为会计科目符号。

会计科目编号可以采用不同方法，但一般采用"数字编号"方法，即用有规律和系统的数字作为科目代号。在我国，现行会计制度中规定的行政事业单位会计科目编号都采用四位三段数编码。第一位数字（第一段）表示科目所属会计要素类别，如"1"表示资产类科目，"2"表示负债类科目，"3"表示净资产类科目，"4"表示收入类科目，"5"表示费用类科目，"6"表示预算收入类科目，"7"表示预算支出类科目，"8"表示预算结余类科目；第二位数（第二段）表示科目的经济用途类别，如 1001 库存现金、1011 零余额账户用款额度等科目的第二位数字"0"表示货币资金性质的科目，1212 应收账款、1214

预付账款等科目的第二位数字"2"表示应收预付性质的科目,2302 应付账款、2305 预收账款等科目的第二位数字"3"表示应付预收性质的科目;第三至第四位数(第三段)表示科目的序号。在各类会计科目之间的序号不连续,目的是预留适当的空号,以便于增添新的会计科目。

第二节　记账方法

记账方法是运用一定的记账符号、记账科目和记账规则来确定会计分录和登记账簿的方法。

随着改革开放的深入发展,社会主义市场经济体制逐步建立,我国对预算会计进行了改革,规定预算会计一律采用借贷记账法。借贷记账法是以借、贷作为记账符号,按照"有借必有贷,借贷必相等"的记账规则,在两个或两个以上账户中全面地、互相联系地记录每笔经济业务的一种复式记账法,其主要特点如下:

一、记账符号和账户结构

借贷记账法中,记账符号"借",表示账户借方记录,也就是左方的金额,即借项;"贷"表示账户的贷方记录,也就是右方的金额,即贷项。借方、贷方和余额分别归集了不同的会计要素项目的增加、减少和结余的数据,代表着它们的增减变化及结余。但是,一个账户中到底是借方记录表示增加,还是贷方记录表示增加,这不取决于借项、贷项本身,而是由账户的性质决定的。具体分为以下几种情况:①资产类账户,借方记录资产的增加,贷方记录资产的减少,余额在借方。②负债类账户,贷方记录负债的增加,借方记录负债的减少,余额在贷方。③净资产(预算结余)类账户,贷方记录净资产的增加,借方记录净资产的减少,余额在贷方。但预算会计预算结余类科目中的"资金结存"是其他预算结余类科目的对应科目,其科目的借、贷方所登记的资金增减性质恰恰相反,即经济业务所引起的资金增加记借方,经济业务所引起的资金减少记贷方。④收入类账户,贷方记录收入的增加,借方记录收入的减少,平时余额在贷方。⑤费用类账户,借方记录支出的增加,贷方记录支出的减少,平时余额在借方。

二、记账规则

借贷记账法的记账规则是"有借必有贷,借贷必相等"。我们知道,每一项经济业务都必然引起两个或两个以上的会计要素项目发生变化,而每一个要素项目的变化从价值量方面看,只有增加和减少两种情况,从变化的结果看,则符合"资产 = 负债+净资产"这一会计方程式的要求。

第三节 会计凭证和账簿

一、会计凭证

会计凭证是记录经济业务,明确经济责任,并作为登记会计账簿的书面证明。会计凭证按其填制程序和用途不同,可分为原始凭证和记账凭证两类。

（一）原始凭证

原始凭证是在经济业务发生时取得或填制的最初书面证明。它是会计事项发生的唯一合法的证明,也是会计核算的基础。行政事业单位会计的原始凭证主要有以下六种:①存款,取款和拨款单据,如银行进账单和支票存款、信汇委托书、授权支付到账通知书、财政直接支付入账通知书等。②借款单据，如单位职工因公出差的借款单据等。③经费报销单据，如直接用以报销经费的购货发票、领料单、工资单、差旅费报销单等。经费报销单据是各单位核算实际支出数的依据。④收款收据，单位收到各种收入款项，都要开给对方收款收据。收款收据是开给交款单位或交款人的书面证明，是单位核算各项收入的依据。⑤其他能够证明会计事项发生的单据、表册、文件等。⑥个别确实无法取得原始单据的开支，应由经手人出具书面证明。数额较大的应由单位领导批准；零星开支可由业务部门负责人签证，视同原始凭证。

原始凭证填制时如发生错误，不得涂改涂抹、刮擦或挖补，一般可以画线更正；有关现金和银行存款收付的原始凭证如填写错误，则必须按规定手续报废并重新填制。

原始凭证要由业务部门和会计部门进行认真审核，主要是审核其真实性、正确性、规范性和合法性。会计人员在审核原始凭证时，对不真实、不合法的原始凭证，应拒绝受理；对记载不准确、不完整或不合要求的原始凭证，应予以退回，并要求提交人补充更正。

（二）记账凭证

记账凭证是根据审核无误的原始凭证填制的，用来填制会计分录的凭证，是登记账簿的依据。

填制记账凭证时，必须附有原始凭证，摘要的经济业务内容要简明、真实，金额应与所附原始凭证一致，科目对应关系应准确完整，有关人员签章应齐备。

会计事项不多的行政事业单位，可以根据记账凭证直接登记总账。会计事项较多的行政事业单位，为简化核算手续，可以把一定时间内的记账凭证汇总，编制科目汇总表等汇总记账凭证，作为登记总账的依据。

二、会计账簿

会计账簿是根据会计科目设置的，在会计核算过程中以会计凭证为依据，运用账户全面、系统、连续地记录和反映资金活动及其结果的簿籍。会计账簿按其用途可分为序时账簿、分类账簿、备查账簿，会计账簿按其外表形式可分为订本式账簿、活页式账簿和卡片式账簿。

账簿的设置，应根据预算管理和会计核算的要求以及业务繁简的不同，区别对待，既要力求科学严密，又要避免烦琐重叠，不能以表代账。就行政事业单位而言，通常应设置以下账簿：

（一）总分类账

总分类账简称总账，是按照总账科目开设账户，对经济业务进行分类登记的账簿。总账根据记账凭证或科目汇总表进行登记。总账的格式通常采用借、贷、余三栏式。

（二）明细分类账

明细分类账亦称明细账，是根据明细科目开设账户进行明细分类登记的一种账簿。它是用来记录资产、负债、净资产、收入、支出等详细内容的账簿，是总账的分析说明。明细账根据记账凭证及原始凭证或原始凭证汇总表进行登记。

行政事业单位会计通常要设置以下明细账：①各种预算拨款明细账。它是反映财政机关与主管单位，主管单位与二级单位、基层单位之间的年度内各项拨入、拨出的预算款项明细账，作为各单位之间结算预算拨款之用。②支出明细账。它是反映具体开支项目的明细账，其格式一般采用多栏式，按国家预算支出的"目"级科目设置账户，按主管部门或财政部门规定的"节"级科目设置专栏。③往来款项明细账。它是用来反映债权、债务结算情况的明细账。各单位一般应对暂存款、暂付款、合同预收款、合同预付款、借入款、借出款等分别设置往来款项明细账，按往来的单位或个人名称设置账户。④固定资产明细账。它是具体核算各种固定资产增减变化和结存情况的明细账，按固定资产的类别和名称分设账户。⑤库存物品明细账。凡总账设置"库存物品"账户的单位，均需要设置库存物品明细账，用来具体核算各种材料的收发和结存情况，按材料的类别品名设置。

（三）日记账

日记账是按照经济业务发生的时间顺序，逐日逐笔登记经济业务的账簿。目前，行政事业单位仅设置现金日记账和银行存款日记账这两种反映特定经济业务的特种日记账，而不设置反映全部经济业务的普通日记账。

第四节　会计报告

行政事业单位会计报告是反映单位一定时期财务状况和收支情况的书面文件。从外在形式看，会计报告可分为两种：一是具有正规格式的表式报告，即财务报表，它是会计报告的核心组成部分；二是格式较为灵活、无正规格式的会计报告，主要用于对财务报表信息进行分析说明的财务情况说明书、财务报表附注等其他会计报告。

一、行政事业单位会计报表的编制要求

行政事业单位会计应当按照下列规定编制财务报表和预算会计报表。

（1）按照"双基础"编制"双报表"。财务报表的编制主要以权责发生制为基础，以单位财务会计核算生成的数据为准；预算会计报表的编制主要以收付实现制为基础，以单位预算会计核算生成的数据为准。

（2）按照规定的种类编制财务报表与预算会计报表。财务报表由会计报表及其附注构成。会计报表一般包括资产负债表、收入费用表和净资产变动表。行政事业单位可根据实际情况自行选择编制现金流量表；预算会计报表至少包括预算收入支出表、预算结转结余变动表和财政拨款预算收入支出表。

（3）按规定的时间编制会计报表。编制单位应当至少按照年度编制财务报表和预算会计报表。

（4）按规定的会计口径编制会计报表。行政事业单位应当根据制度规定编制真实、完整的财务报表和预算会计报表。不得违反制度规定随意改变财务报表和预算会计报表的编制基础、编制依据、编制原则和方法，不得随意改变制度规定的财务报表和预算会计报表有关数据的会计口径。

（5）按规定的依据编制会计报表。财务报表和预算会计报表应当根据登记完整、核对无误的账簿记录和其他有关资料编制，做到数据真实、计算准确、内容完整、编报及时。

（6）按规定的要求在报表上签章。财务报表和预算会计报表应当由单位负责人和主管会计工作的负责人、会计机构负责人（会计主管人员）签名并盖章。

二、行政事业单位会计报表的审核和分析

（一）会计报表的审核

会计报表要认真进行审核，确定无误后才能上报。会计报表的审核包括政策性审核和技术性审核两方面。政策性审核主要是审查会计报表中反映资金收支和预算执行情况是否符合国家法规、制度，有无违反财经纪律的现象；技术性审核主要是审核会计报表的数据是否正确，规定的报表是否齐全，表内项目填列是否完整准确，报表上各项签章是否齐全，报送是否及时等。

（二）会计报表的分析方法

会计报表常用的分析方法有对比分析方法、因素分析法和比率分析法等。

第五节　财务报表

一、行政事业单位财务报表概述

（一）行政事业单位财务报告和决算报告

1. 行政事业单位财务报告

（1）行政事业单位财务报告的内容和构成

行政事业单位财务报告是反映行政事业单位会计主体某一特定日期的财务状况与某一会计期间的运行情况和现金流量等信息的文件。行政事业单位财务报告的目标是向财务报告使用者提供与行政事业单位的财务状况、运行情况和现金流量等有关的信息，反映行政事业单位会计主体公共受托责任履行情况，有助于财务报告使用者做出决策或者进行监督和管理。行政事业单位财务报告使用者包括各级人民代表大会常务委员会、各级行政事业单位及其有关部门、行政事业单位会计主体自身和其他利益相关者。

行政事业单位财务报告应当包括财务报表和其他应当在财务报告中披露的相关信息和资料。财务报表包括会计报表和附注。会计报表一般包括资产负债表、收入费用表和净资产变动表，单位可根据实际情况自行选择是否编制现金流量表。

从编制主体讲，行政事业单位财务报告主要包括行政事业单位部门财务报告和行政事业单位综合财务报告。行政事业单位部门编制部门财务报告，反映本部门的财务状况和运行情况；财政部门编制行政事业单位综合财务报告，反映行政事业单位整体的财务状况、运行情况和财政中长期可持续性。

（2）行政事业单位财务报告编报

行政事业单位财务报告编报分为行政事业单位部门财务报告编报和行政事业单位综合财务报告编报。

第一，行政事业单位部门财务报告编报。各部门、各单位应当在清查资产、核实负债的基础上，在行政事业单位会计准则体系和行政事业单位财务报告制度框架体系内，按时编制部门财务报告。

第二，行政事业单位综合财务报告编报。各级行政事业单位财政部门要在清查核实财政直接管理的资产和负债的基础上，合并各部门和其他被纳入合并范围主体的财务报表，编制本级行政事业单位综合财务报告。

2. 行政事业单位决算报告

行政事业单位决算报告是综合反映行政事业单位会计主体年度预算收支执行结果的文件。行政事业单位决算报告的目标是向决算报告使用者提供与行政事业单位预算执行情况有关的信息，综合反映行政事业单位会计主体预算收支的年度执行结果，有助于决算报告使用者进行监督和管理，并为编制后续年度预算提供参考和依据。行政事业单位决算报告使用者包括各级人民代表大会及其常务委员会、各级行政事业单位及其有关部门、行政事业单位会计主体自身、社会公众和其他利益相关者。

行政事业单位决算报告应当包括决算报表和其他应当在决算报告中反映的相关信息和资料。预算会计报表是行政事业单位通过预算会计核算直接形成的报表，是决算报表的主要信息来源。

（二）报表编制前的准备工作

1. 年终清理结算

行政事业单位在年度结算前，应根据财政部门或主管部门的决算编审工作要求，对各项收支账目、往来款项、货币资金和财产物资进行全面的年终清理结算，并在此基础上办理年度结账、编报决算。

年终清理结算的主要事项包括如下几个方面：

第一，清理、核对年度预算收支数字和各项缴拨款项数字。年终前，对财政部门、上级和所属各单位之间的全年预算数（包括追加追减和上、下画数字），以及应上缴、拨补的款项等，都应按规定逐笔进行清理结算，保证上下级之间的年度预算数、领拨经费数和上缴、下拨数一致。为了准确反映各项收支数额，凡属本年度的应拨应交款项，应当在 12 月 31 日前汇达对方。主管会计单位对所属各单位的拨款应截至 12 月 25 日，逾期一般不再下拨。凡属本年度的各项收入都应及时入账。本年度的各项应缴国库款和应缴财政专户的财政资金收入，应在年终前全部上缴。属于本年度的各项支出，应按规定的支出用途据实列报。年度单位支出决算，一律以基层用款单位截至 12 月 31 日的本年实际支出数为准，不得将年终前预拨下年的预算拨款列入本年的支出，也不得以上级会计单位的拨款数代替基层会计单位的实际数。

第二，行政事业单位的往来款项，年终前应尽量清理完毕。按照有关规定应当转作各项收入或各项支出的往来款项要及时转入各有关账户，编入本年决算。

第三，行政事业单位年终应及时将实际拨款数与同级财政的预算数进行核对，将银行存款账面余额与银行对账单的余额核对，将现金账面余额与库存现金核对，将有价证券账面数字与实有的有价证券核对。

第四，年终前，应对各项财产物资进行清理盘点。发生盘盈、盘亏的，应及时查明原因，按规定处理、调整账务，做到账实相符、账账相符。

2. 年终结账

行政事业单位在年终清理结算的基础上进行年终结账。年终结账包括年终转账、结清旧账和记入新账。

（1）年终转账

账目核对无误后，首先计算出各账户借方或贷方的 12 月份合计数和全年累计数，结出 12 月末的余额；然后，编制结账前的"试算平衡表"；试算平衡后，再将应对冲结转的各个收支账户的余额按年终冲转办法，填制 12 月 31 日的记账凭证办理结账冲转。

（2）结清旧账

办理完年终转账后，所有收入与支出类账户都没有余额。对没有余额的账户结出全年累计数，然后在下面画双红线，表示本科目全部结清。对年终转账后仍有余额的账户，在"全年累计数"下行"摘要栏"内注明"结转下年"字样，再在下面画双红线表示年终余额转入新账，旧账结束。

（3）记入新账

根据本年度各账户余额，编制年终决算的资产负债表和有关明细表。将各账户的年终余额数，直接记入新年度相应的各有关账户（不需要编制记账凭证），并在"摘要"栏注明"上年结转"字样，以区别新年度发生数。

二、行政事业单位财务报表的编制

行政事业单位财务报表由会计报表及其附注构成。会计报表一般包括资产负债表、收入费用表和净资产变动表。

（一）资产负债表的编制

表 5-1　资产负债表

会政财 01 表

编制单位：_____　　　　　____年__月__日　　　　单位：元

资产	期末余额	年初余额	负债和净资产	期末余额	年初余额
流动资产：			流动负债：		
货币资金			短期借款		
短期投资			应交增值税		
财政应返还额度			其他应交税费		
应收票据			应缴财政款		
应收账款净额			应付职工薪酬		
预付账款			应付票据		
应收股利			应付账款		
应收利息			应付政府补贴款		
其他应收款净额			应付利息		
存货			预收账款		
待摊费用			其他应付款		
一年内到期的非流动资产			预提费用		
其他流动资产			一年内到期的非流动负债		
流动资产合计			其他流动负债		
非流动资产：			流动负债合计		

续表

资产	期末余额	年初余额	负债和净资产	期末余额	年初余额
长期股权投资			非流动负债：		
长期债券投资			长期借款		
固定资产原值			长期应付款		
减：固定资产累计折旧			预计负债		
固定资产净值			其他非流动负债		
工程物资			非流动负债合计		
在建工程			受托代理负债		
无形资产原值			负债合计		
减：无形资产累计摊销					
无形资产净值					
研发支出					
公共基础设施原值					
减：公共基础设施累计折旧（摊销）					
公共基础设施净值					
政府储备物资					
文物文化资产					
保障性住房原值					
减：保障性住房累计折旧			净资产：		
保障性住房净值			累计盈余		
长期待摊费用			专用基金		
待处理财产损溢			权益法调整		
其他非流动资产			无偿调拨净资产＊		
非流动资产合计			本期盈余＊		
受托代理资产			净资产合计		
资产总计			负债和净资产总计		

注：带"★"项目为月报项目，年报中不需列示。

120

　　资产负债表是反映行政事业单位在某一特定日期的财务状况的报表。资产负债表的特定日期是指每月月末与年末，即行政事业单位单位需在 1—11 月末编制资产负债表的月报，在 12 月末编制年报。资产负债表应当按照资产、负债和净资产分类列示。资产和负债应当分流动资产和非流动资产，流动负债和非流动负债列示。

　　资产负债表按照"资产 = 负债 + 净资产"的平衡公式设置。左方为资产部类，右方为负债与净资产部类，左右两方总计数相等。

　　资产负债表各项目都设有两栏，即"年初余额"和"期末余额"。其中"年初余额"栏内各项数字，应当根据上年年末资产负债表"期末余额"栏内数字填列。如果本年度资产负债表规定的项目的名称和内容同上年度不一致，应当将上年年末资产负债表项目的名称和数字按照本年度的规定进行调整，将调整后的数字填入本表"年初余额"栏内。如果单位在本年度发生了因前期差错更正、会计政策变更等而调整以前年度盈余的事项，还应当对"年初余额"栏中的有关项目金额进行相应调整。本表中"资产总计"项目期末（年初）余额应当与"负债和净资产总计"项目期末（年初）余额相等。

　　"期末余额"栏目各项目的内容及其填列方法如下：

　　1. 资产类项目

　　"货币资金"项目，反映行政事业单位期末库存现金、银行存款、零余额账户用款额度和其他货币资金的合计数。本项目应当根据"库存现金""银行存款""零余额账户用款额度""其他货币资金"科目的期末余额的合计数填列；若单位存在通过"库存现金""银行存款"科目核算的受托代理资产，还应当按照前述合计数扣减"库存现金""银行存款"科目下"受托代理资产"明细科目的期末余额后的金额填列。

　　"短期投资"项目，反映行政事业单位期末持有的短期投资账面余额。本项目应当根据"短期投资"科目的期末余额填列。

　　"财政应返还额度"项目，反映行政事业单位期末财政应返还额度的金额。本项目应当根据"财政应返还额度"科目的期末余额填列。

　　"应收票据"项目，反映行政事业单位期末持有的应收票据的票面金额。本项目应当根据"应收票据"科目的期末余额填列。

　　"应收账款净额"项目，反映行政事业单位期末尚未收回的应收账款减去已计提的坏账准备后的净额。本项目应当根据"应收账款"科目的期末余额减去"坏账准备"科目中对应收账款计提的坏账准备的期末余额后的金额填列。

"预付账款"项目，反映行政事业单位期末预付给商品或劳务供应单位的款项。本项目应当根据"预付账款"科目的期末余额填列。

"应收股利"项目，反映行政事业单位期末因股权投资而应收取的现金股利或应当分得的利润。本项目应当根据"应收股利"科目的期末余额填列。

"应收利息"项目，反映行政事业单位期末因债券投资等而应收取的利息。单位购入的到期一次还本付息的长期债券投资持有期间应收的利息，不包括在本项目内。本项目应当根据"应收利息"科目的期末余额填列。

"其他应收款净额"项目，反映行政事业单位期末尚未收回的其他应收款减去已计提的坏账准备后的净额。本项目应当根据"其他应收款净额"科目的期末余额减去"坏账准备"科目中有关其他应收款计提的坏账准备的期末余额后的金额填列。

"存货"项目，反映行政事业单位期末存储的存货的实际成本。本项目应当根据"在途物品""库存物品""加工物品"科目的期末余额的合计数填列。

"待摊费用"项目，反映行政事业单位期末已经支出，但应当由本期和以后各期负担的分摊期在1年以内（含1年）的各项费用。本项目应当根据"待摊费用"科目的期末余额填列。

"一年内到期的非流动资产"项目，反映行政事业单位期末非流动资产项目中将在1年内（含1年）到期的金额，如将在1年内（含1年）到期的长期债券投资金额。本项目应当根据"长期债券投资"等科目的明细科目的期末余额填列。

"其他流动资产"项目，反映行政事业单位期末除本表中上述各项之外的其他流动资产的合计金额。本项目应当根据有关科目期末余额的合计数填列。

"流动资产合计"项目，反映行政事业单位期末流动资产的合计数。本项目应当根据本表中"货币资金""短期投资""财政应返还额度""应收票据""应收账款净额""预付账款""应收股利""应收利息""其他应收款净额""存货""待摊费用""一年内到期的非流动资产""其他流动资产"项目金额的合计数填列。

"长期股权投资"项目，反映行政事业单位期末持有的长期股权投资的账面余额。本项目应当根据"长期股权投资"科目的期末余额填列。

"长期债券投资"项目，反映行政事业单位期末持有的长期债券投资的账面余额。本项目应当根据"长期债券投资"科目的期末余额减去其中将于 1 年内（含 1 年）到期的长期债券投资余额后的金额填列。

"固定资产原值"项目，反映行政事业单位期末固定资产的原值。本项目应当根据"固定资产"科目的期末余额填列。

"固定资产累计折旧"项目，反映行政事业单位期末固定资产已计提的累计折旧金额。本项目应当根据"固定资产累计折旧"科目的期末余额填列。

"固定资产净值"项目，反映行政事业单位期末固定资产的账面价值。本项目应当根据"固定资产"科目期末余额减去"固定资产累计折旧"科目期末余额后的金额填列。

"工程物资"项目，反映行政事业单位期末为在建工程准备的各种物资的实际成本。本项目应当根据"工程物资"科目的期末余额填列。

"在建工程"项目，反映行政事业单位期末所有建设项目工程的实际成本。本项目应当根据"在建工程"科目的期末余额填列。

"无形资产原值"项目，反映行政事业单位期末无形资产的原值。本项目应当根据"无形资产"科目的期末余额填列。

"无形资产累计摊销"项目，反映行政事业单位期末无形资产已计提的累计摊销金额。本项目应当根据"无形资产累计摊销"科目的期末余额填列。

"无形资产净值"项目，反映行政事业单位期末无形资产的账面价值。本项目应当根据"无形资产"科目期末余额减去"无形资产累计摊销"科目期末余额后的金额填列。

"研发支出"项目，反映行政事业单位期末正在进行的无形资产开发项目开发阶段发生的累计支出数。本项目应当根据"研发支出"科目的期末余额填列。

"公共基础设施原值"项目，反映行政事业单位期末控制的公共基础设施的原值。本项目应当根据"公共基础设施"科目的期末余额填列。

"公共基础设施累计折旧（摊销）"项目，反映行政事业单位期末控制的公共基础设施已计提的累计折旧和累计摊销金额。本项目应当根据"公共基础设施累计折旧（摊销）"科目的期末余额填列。

"公共基础设施净值"项目，反映行政事业单位期末控制的公共基础设施的账面价值。本项目应当根据"公共基础设施"科目期末余额减去"公共基础设施累计折旧（摊销）"科目期末余额后的金额填列。

"政府储备物资"项目，反映行政事业单位期末控制的政府储备物资的实际成本。本项目应当根据"政府储备物资"科目的期末余额填列。

"文物文化资产"项目，反映行政事业单位期末控制的文物文化资产的成本。本项目应当根据"文物文化资产"科目的期末余额填列。

"保障性住房原值"项目，反映行政事业单位期末控制的保障性住房的原值。本项目应当根据"保障性住房"科目的期末余额填列。

"保障性住房累计折旧"项目，反映行政事业单位期末控制的保障性住房已计提的累计折旧金额。本项目应当根据"保障性住房累计折旧"科目的期末余额填列。

"保障性住房净值"项目，反映行政事业单位期末控制的保障性住房的账面价值。本项目应当根据"保障性住房"科目期末余额减去"保障性住房累计折旧"科目期末余额后的金额填列。

"长期待摊费用"项目，反映行政事业单位期末已经支出，但应由本期和以后各期负担的分摊期限在1年以上（不含1年）的各项费用。本项目应当根据"长期待摊费用"科目的期末余额填列。

"待处理财产损溢"项目，反映行政事业单位期末尚未处理完毕的各种资产的净损失或净溢余。本项目应当根据"待处理财产损溢"科目的期末借方余额填列，如"待处理财产损溢"科目期末为贷方余额，则以"—"号填列。

"其他非流动资产"项目，反映行政事业单位期末除本表中上述各项之外的其他非流动资产的合计数。本项目应当根据有关科目的期末余额合计数填列。

"非流动资产合计"项目，反映行政事业单位期末非流动资产的合计数。本项目应当根据表中"长期股权投资""长期债券投资""固定资产净值""工程物资""在建工程""无形资产净值""研发支出""公共基础设施净值""政府储备物资""文物文化资产""保障性住房净值""长期待摊费用""待处理财产损溢""其他非流动资产"项目金额的合计数填列。

"受托代理资产"项目，反映行政事业单位期末受托代理资产的价值。本项目应当根据"受托代理资产"科目的期末余额与"库存现金""银行存款"科目下"受托代理资产"明细科目的期末余额的合计数填列。

"资产总计"项目，反映行政事业单位期末资产的合计数。本项目应当根据本表中"流动资产合计""非流动资产合计""受托代理资产"项目金额的合计数填列。

2. 负债类项目

"短期借款"项目，反映行政事业单位期末短期借款的余额。本项目应当根据"短期借款"科目的期末余额填列。

"应交增值税"项目，反映行政事业单位期末应缴未缴的增值税税额。本项目应当根据"应交增值税"科目的期末余额填列，如果"应交增值税"科目期末为借方余额，则以"—"号填列。

"其他应交税费"项目，反映行政事业单位期末应缴未缴的除增值税以外的税费金额。本项目应当根据"其他应交税费"科目的期末余额填列，如果"其他应交税费"科目期末为借方余额，则以"—"号填列。

"应缴财政款"项目，反映行政事业单位期末应当上缴财政但尚未缴纳的款项。本项目应当根据"应缴财政款"科目的期末余额填列。

"应付职工薪酬"项目，反映行政事业单位期末按有关规定应付给职工及为职工支付的各种薪酬。本项目应当根据"应付职工薪酬"科目的期末余额填列。

"应付票据"项目，反映行政事业单位期末应付票据的金额。本项目应当根据"应付票据"科目的期末余额填列。

"应付账款"项目，反映行政事业单位期末应当支付但尚未支付的偿还期限在1年以内（含1年）的应付账款的金额。本项目应当根据"应付账款"科目的期末余额填列。

"应付政府补贴款"项目，反映负责发放政府补贴的行政事业单位期末按照规定应当支付给政府补贴接受者的各种政府补贴款余额。本项目应当根据"应付政府补贴款"科目的期末余额填列。

"应付利息"项目，反映行政事业单位期末按照合同约定应支付的借款利息。单位到期一次还本付息的长期借款利息不包括在本项目内。本项目应当根据"应付利息"科目的期末余额填列。

"预收账款"项目，反映行政事业单位期末预先收取但尚未确认收入和实际结算的款项余额。本项目应当根据"预收账款"科目的期末余额填列。

"其他应付款"项目，反映行政事业单位期末其他各项偿还期限在1年内（含1年）的应付及暂收款项余额。本项目应当根据"其他应付款"科目的期末余额填列。

"预提费用"项目，反映行政事业单位期末预先提取的已经发生但尚未支付的各项费用。本项目应当根据"预提费用"科目的期末余额填列。

"一年内到期的非流动负债"项目，反映行政事业单位期末将于1年内（含1年）偿还的非流动负债的余额。本项目应当根据"长期应付款""长期借款"等科目的明细科目的期末余额分析填列。

"其他流动负债"项目，反映行政事业单位期末除本表中上述各项之外的其他流动负债的合计数。本项目应当根据有关科目的期末余额的合计数填列。

"流动负债合计"项目，反映行政事业单位期末流动负债合计数。本项目应当根据本表中"短期借款""应交增值税""其他应交税费""应缴财政款""应付职工薪酬""应付票据""应付账款""应付政府补贴款""应付利息""预收账款""其他应付款""预提费用""一年内到期的非流动负债""其他流动负债"项目金额的合计数填列。

"长期借款"项目，反映行政事业单位期末长期借款的余额。本项目应当根据"长期借款"科目的期末余额减去其中将于1年内（含1年）到期的长期借款余额后的金额填列。

"长期应付款"项目，反映行政事业单位期末长期应付款的余额。本项目应当根据"长期应付款"科目的期末余额减去其中将于1年内（含1年）到期的长期应付款余额后的金额填列。

"预计负债"项目，反映行政事业单位期末已确认但尚未偿付的预计负债的余额。本项目应当根据"预计负债"科目的期末余额填列。

"其他非流动负债"项目，反映行政事业单位期末除本表中上述各项之外的其他非流动负债的合计数。本项目应当根据有关科目的期末余额合计数填列。

"非流动负债合计"项目，反映行政事业单位期末非流动负债合计数。本项目应当根据本表中"长期借款""长期应付款""预计负债""其他非流动负债"项目金额的合计数填列。

"受托代理负债"项目，反映行政事业单位期末受托代理负债的金额。本项目应当根据"受托代理负债"科目的期末余额填列。

"负债合计"项目，反映行政事业单位期末负债的合计数。本项目应当根据本表中"流动负债合计""非流动负债合计""受托代理负债"项目金额的合计数填列。

3. 净资产类项目

"累计盈余"项目，反映行政事业单位期末未分配盈余（或未弥补亏损）以及无偿调拨净资产变动的累计数。本项目应当根据"累计盈余"科目的期末余额填列。

"专用基金"项目，反映行政事业单位期末累计提取或已设置但尚未使用的专用基金余额。本项目应当根据"专用基金"科目的期末余额填列。

"权益法调整"项目，反映行政事业单位期末在被投资单位除净损益和利润分配以外的所有者权益变动中累积享有的份额。本项目应当根据"权益法调整"科目的期末余额填列，如"权益法调整"科目期末为借方余额，则以"—"号填列。

"无偿调拨净资产"项目，反映行政事业单位本年度截至报告期末无偿调入的非现金资产价值扣减无偿调出的非现金资产价值后的净值。本项目仅在月度报表中列示，年度报表中不列示。月度报表中本项目应当根据"无偿调拨净资产"科目的期末余额填列，当"无偿调拨净资产"科目期末为借方余额时，以"—"号填列。

"本期盈余"项目，反映行政事业单位本年度截至报告期末实现的累计盈余或亏损。本项目仅在月度报表中列示，不在年度报表中列示。月度报表中本项目应当根据"本期盈余"科目的期末余额填列，当"本期盈余"科目期末为借方余额时，以"—"号填列。

"净资产合计"项目，反映行政事业单位期末净资产合计数。本项目应当根据本表中"累计盈余""专用基金""权益法调整""无偿调拨净资产（月度报表）""本期盈余（月度报表）"项目金额的合计数填列。

"负债和净资产总计"项目，应当按照表中"负债合计""净资产合计"项目金额的合计数填列。

（二）收入费用表的编制方法

表 5-2　收入费用表

会政财 02 表

编制单位：_____　　　　　　_____年__月　　　　　　　单位：元

项目	本月数	本年累计数
一、本期收入		
（一）财政拨款收入		
其中：政府性基金收入		
（二）事业收入		
（三）上级补助收入		
（四）附属单位上缴收入		
（五）经营收入		
（六）非同级财政拨款收入		
（七）投资收益		
（八）捐赠收入		
（九）利息收入		
（十）租金收入		
（十一）其他收入		
二、本期费用		
（一）业务活动费用		
（二）单位管理费用		
（三）经营费用		
（四）资产处置费用		
（五）上缴上级费用		
（六）对附属单位补助费用		
（七）所得税费用		
（八）其他费用		
三、本期盈余		

1. 本期收入

"本期收入"项目，反映行政事业单位本期收入总额。本项目应当根据本表中"财政拨款收入""事业收入""上级补助收入""附属单位上缴收入""经营收入""非同级财政拨款收入""投资收益""捐赠收入""利息收入""租金收入""其他收入"项目金额的合计数填列。

"财政拨款收入"项目，反映行政事业单位本期从同级行政事业单位财政部门取得的各类财政拨款。本项目应当根据"财政拨款收入"科目的本期发生额填列。

"政府性基金收入"项目，反映行政事业单位本期取得的财政拨款收入中属于政府性基金预算拨款的金额。本项目应当根据"财政拨款收入"相关明细科目的本期发生额填列。

"事业收入"项目，反映行政事业单位本期开展专业业务活动及其辅助活动实现的收入。本项目应当根据"事业收入"科目的本期发生额填列。

"上级补助收入"项目，反映行政事业事业单位本期从主管部门和上级单位收到的或应收的非财政拨款收入。本项目应当根据"上级补助收入"科目的本期发生额填列。

"附属单位上缴收入"项目，反映行政事业单位本期收到的或应收的行政事业单位附属独立核算单位按照有关规定上缴的收入。本项目应当根据"附属单位上缴收入"科目的本期发生额填列。

"经营收入"项目，反映行政事业单位本期在专业业务活动及其辅助活动之外开展非独立核算经营活动实现的收入。本项目应当根据"经营收入"科目的本期发生额填列。

"非同级财政拨款收入"项目，反映行政事业单位本期从非同级行政事业单位财政部门取得的财政拨款，不包括行政事业单位因开展科研及其辅助活动从非同级财政部门取得的经费拨款。本项目应当根据"非同级财政拨款收入"科目的本期发生额填列。

"投资收益"项目，反映行政事业单位本期股权投资和债券投资所实现的收益或发生的损失。本项目应当根据"投资收益"科目的本期发生额填列，如果为投资净损失，则以"—"号填列。

"捐赠收入"项目，反映行政事业单位本期接受捐赠取得的收入。本项目应当根据"捐赠收入"科目的本期发生额填列。

"利息收入"项目，反映行政事业单位本期取得的银行存款利息收入。本项目应当根据"利息收入"科目的本期发生额填列。

"租金收入"项目，反映行政事业单位本期经批准利用国有资产出租取得的并按规定纳入本单位预算管理的租金收入。本项目应当根据"租金收入"科目的本期发生额填列。

"其他收入"项目，反映行政事业单位本期取得的除以上收入外的其他收入的总额。本项目应当根据"其他收入"科目的本期发生额填列。

2. 本期费用

"本期费用"项目，反映行政事业单位本期费用总额。本项目应当根据本表中"业务活动费用""单位管理费用""经营费用""资产处置费用""上缴上级费用""对附属单位补助费用""所得税费用"和"其他费用"项目金额的合计数填列。

"业务活动费用"项目，反映行政事业单位本期为实现其职能目标，依法履职或开展专业业务活动及其辅助活动所发生的各项费用。本项目应当根据"业务活动费用"科目本期发生额填列。

"单位管理费用"项目，反映行政事业单位本期本级行政及后勤管理部门开展管理活动发生的各项费用，以及由单位统一承担的离退休人员经费、工会经费、诉讼费、中介费等。本项目应当根据"单位管理费用"科目的本期发生额填列。

"经营费用"项目，反映行政事业单位本期在专业业务活动及其辅助活动之外开展非独立核算经营活动发生的各项费用。本项目应当根据"经营费用"科目的本期发生额填列。

"资产处置费用"项目，反映行政事业单位本期经批准处置资产时转销的资产价值以及在处置过程中发生的相关费用或者处置收入小于处置费用形成的净支出。本项目应当根据"资产处置费用"科目的本期发生额填列。

"上缴上级费用"项目，反映行政事业单位按照规定上缴上级单位款项发生的费用。本项目应当根据"上缴上级费用"科目的本期发生额填列。

"对附属单位补助费用"项目，反映行政事业单位用财政拨款收入之外的收入对附属单位补助发生的费用。本项目应当根据"对附属单位补助费用"科目的本期发生额填列。

"所得税费用"项目，反映有企业所得税缴纳义务的行政事业单位本期应缴纳的企业所得税。本项目应当根据"所得税费用"科目的本期发生额填列。

"其他费用"项目，反映行政事业单位本期发生的除以上费用以外的其他费用的总额。本项目应当根据"其他费用"科目的本期发生额填列。

3. 本期盈余

"本期盈余"项目，反映行政事业单位本期收入扣除本期费用后的净额。本项目应当根据表中"本期收入"项目金额减去"本期费用"项目金额后的金额填列，如果为负数，则以"—"号填列。

（三）净资产变动表

净资产变动表是反映行政事业单位在某一会计年度内净资产项目的变动情况的报表。它不是月报，1—11月末不需要编制，由行政事业单位在年末根据本单位的净资产变动情况进行综合编制。

表 5-3　净资产变动表

会政财 03 表

编制单位：_____　　　　　　_____年　　　　　　单位：元

项目	本年数				上年数			
	累计盈余	专用基金	权益法调整	净资产合计	累计盈余	专用基金	权益法调整	净资产合计
一、上年年末余额								
二、以前年度盈余调整（减少以"—"号填列）		—	—			—	—	
三、本年年初余额								
四、本年变动金额（减少以"—"号填列）								
（一）本年盈余		—	—			—	—	
（二）无偿调拨净资产		—	—			—	—	
（三）归集调整预算结转结余								
（四）提取或设置专用基金		—	—			—	—	
其中：从预算收入中提取	—		—		—		—	

续表

项目	本年数				上年数			
	累计盈余	专用基金	权益法调整	净资产合计	累计盈余	专用基金	权益法调整	净资产合计
从预算结余中提取			—				—	
设置的专用基金	—		—		—		—	
（五）使用专用基金			—				—	
（六）权益法调整	—	—			—	—		
五、本年年末余额								

注："—"标识单元格不需填列。

表中"本年数"栏反映本年度各项目的实际变动数。表中"上年数"栏反映上年度各项目的实际变动数，应当根据上年度净资产变动表中"本年数"栏内所列数字填列。如果上年度净资产变动表中项目的名称和内容与本年度不一致，应将上年度净资产变动表中项目的名称和数字按照本年度的规定进行调整，将调整后的金额填入本年度净资产变动表"上年数"栏内。

表中"本年数"栏目各项目的内容和填列方法如下：

"上年年末余额"行，反映行政事业单位净资产各项目上年年末的余额。本行各项目应当根据"累计盈余""专用基金""权益法调整"科目上年年末余额填列。

"以前年度盈余调整"行，反映行政事业单位本年度对以前年度累计盈余进行调整的金额。本行"累计盈余"项目应当根据本年度"以前年度盈余调整"科目转入"累计盈余"科目的金额填列，如果调整后累计盈余减少了，则以"—"号填列。

"本年年初余额"行，反映经过以前年度盈余调整后，行政事业单位净资产各项目的本年年初余额。本行"累计盈余""专用基金""权益法调整"项目应当根据其各自在"上年年末余额"和"以前年度盈余调整"行对应项目金额的合计数填列。

"本年变动金额"行，反映行政事业单位净资产各项目本年变动总金额。本行"累计盈余""专用基金""权益法调整"项目应当根据其各自在"本年盈余""无偿调拨净资产""归集调整预算结转结余""提取或设置专用基金""使用专用基金""权益法调整"行对应项目金额的合计数填列。

"本年盈余"行,反映行政事业单位本年发生的收入和费用对净资产的影响。本行"累计盈余"项目应当根据年末由"本期盈余"科目转入"本年盈余分配"科目的金额填列,如果在转入时借记"本年盈余分配"科目,则以"一"号填列。

"无偿调拨净资产"行,反映行政事业单位本年无偿调入、调出非现金资产事项对净资产的影响。本行"累计盈余"项目应当根据年末由"无偿调拨净资产"科目转入"累计盈余"科目的金额填列,如果在转入时借记"累计盈余"科目,则以"一"号填列。

"归集调整预算结转结余"行,反映行政事业单位本年财政拨款结转结余资金归集调入、归集上缴或归集调出,以及非财政拨款结转资金缴回对净资产的影响。本行"累计盈余"项目应当根据"累计盈余"科目明细账记录分析填列,如果归集调整后预算结转结余减少了,则以"一"号填列。

"提取或设置专用基金"行,反映行政事业单位本年提取或设置专用基金对净资产的影响。本行"累计盈余"项目应当根据"从预算结余中提取"行"累计盈余"项目的金额填列。本行"专用基金"项目应当根据"从预算收入中提取""从预算结余中提取""设置的专用基金"行"专用基金"项目金额的合计数填列。

"从预算收入中提取"行,反映行政事业单位本年从预算收入中提取专用基金对净资产的影响。本行"专用基金"项目应当通过对"专用基金"科目明细账记录的分析,根据本年按有关规定从预算收入中提取基金的金额填列。

"从预算结余中提取"行,反映行政事业单位本年根据有关规定从本年度非财政拨款结余或经营结余中提取专用基金对净资产的影响。本行"累计盈余""专用基金"项目应当通过对"专用基金"科目明细账记录的分析,根据本年按有关规定从本年度非财政拨款结余或经营结余中提取专用基金的金额填列。本行"累计盈余"项目以"一"号填列。

"设置的专用基金"行,反映行政事业单位本年根据有关规定设置的其他专用基金对净资产的影响。本行"专用基金"项目应当通过对"专用基金"科目明细账记录的分析,根据本年按有关规定设置其他专用基金的金额填列。

"使用专用基金"行,反映行政事业单位本年按规定使用专用基金对净资产的影响。本行"累计盈余""专用基金"项目应当通过对"专用基金"科目明细账记录的分析，根据本年按规定使用专用基金的金额填列。本行"专用基金"项目以"—"号填列。

"权益法调整"行，反映行政事业单位本年按照被投资单位除净损益和利润分配以外的所有者权益变动份额调整长期股权投资账面余额对净资产的影响。本行"权益法调整"项目应当根据"权益法调整"科目本年发生额填列，若本年净发生额为借方，则以"—"号填列。

"本年年末余额"行，反映行政事业单位本年各净资产项目的年末余额。本行"累计盈余""专用基金""权益法调整"项目应当根据其各自在"本年年初余额""本年变动金额"行对应项目金额的合计数填列。

表中各行"净资产合计"项目，应当根据所在行"累计盈余""专用基金""权益法调整"项目金额的合计数填列。

第六章　行政事业单位的收入支出核算

第一节　行政事业单位的收入核算

财政收入是国家为实现其职能，根据法令和法规所取得的非偿还性资金，是一级财政的资金来源。财政收入包括预算收入、专用基金收入、债务收入及债务转贷收入、资金调拨收入、调入预算稳定调节基金和财政专户管理资金收入等。

一、预算收入的内容和核算

（一）预算收入的概念和内容

预算收入是通过一定的形式和程序，有计划、有组织地由国家支配，被纳入预算管理的资金。预算资金的项目划分和内容归集均按照各年度行政事业单位收支分类科目办理；而各级行政事业单位预算资金的收纳、划分和报解，应通过各级财政同级国家金库，按照相关规定办理。预算收入一般以上年度缴入基层国库（支金库）的数额为准。已建乡（镇）国库的地区、乡（镇）财政的本级收入以乡（镇）国库收到数为准。县（含县本级）以上各级财政的各项预算收入（含固定收入与共享收入）仍以缴入基层国库数额为准。未建乡（镇）国库的地区，乡（镇）财政的本级收入以乡（镇）总预算会计收到县级财政返回数额为准。

基层国库在年度库款报解整理期内收到经收处报来的正常收入，记入上年度账。整理期结束后，收到的上年度收入一律记入新年度账。

预算收入科目分设类、款、项、目四级。类级科目分为税收收入、非税收入、债务收入和转移性收入四类。

1. 税收收入

税收收入主要包括如下九个科目：①增值税。该科目下设国内增值税、进口货物增值税、出口货物退增值税、改征增值税、改征增值税出口退税五个项级科目。②消费税。该科目下设国内消费税、进口消费品消费税、出口消费品退消费税三个项级科目。③企业所得税。该科目下设国有冶金工业所得税、国有有色金属工业所得税、国有煤炭工业所得税、国有电力工业所得税、国有石油和化学工业所得税、国有汽车工业所得税等四十八个项级科目，反映按《中华人民共和国企业所得税法》征收的各类企业所得税。④个人所得税。该科目下设个人所得税和个人所得税税款滞纳金罚款收入两个项级科目。⑤资源税。该科目下设海洋石油资源税、其他资源税和资源税滞纳金罚款收入三个项级科目。⑥城市维护建设税。该科目下设国有企业城市维护建设税、集体企业城市维护建设税、股份制企业城市维护建设税、联营企业城市维护建设税等十一个项级科目。⑦房产税。该科目下设国有企业房产税、集体企业房产税、股份制企业房产税、联营企业房产税等八个项级科目。⑧印花税。该科目下设证券交易印花税、其他印花税，以及印花税滞纳金罚款收入三个项级科目。

2. 非税收入

非税收入包括如下六个科目：①专项收入。该科目下设排污费收入、水资源费收入、教育费附加收入、矿产资源补偿费收入等十个项级科目。②行政事业性收费收入。该科目下设公安行政事业性收费收入、司法行政事业性收费收入、外交行政事业性收费收入、工商行政事业性收费收入等五十九个项级科目，反映各级各类行政事业单位依据国家法律、行政法规、国务院有关规定、国务院财政部门与计划部门共同发布的规章或规定，或依据省、自治区、直辖市的地方性法规，行政事业单位规章或规定，省、自治区、直辖市行政事业单位财政部门与计划（物价）部门共同发布的规定，代为收取缴纳的各项收费收入。③罚没收入。该科目下设一般罚没收入、缉私罚没收入、缉毒罚没收入、罚没收入退库四个项级科目，反映执法机关依法收缴的罚款、没收款、赃款，以及没收物资、赃物的变价款收入。④国有资本经营收入。该科目下设利润收入、产权转让收入、股利股息收入、清算收入、国有资本经营收入退库、国有企业计划亏损补贴、其他国有资本经营收入七个项级科目，反映行政事业单位经营和使用国有资产等取得的收入。⑤国有资源（资产）有偿使用收入。该科目下设海域使用金收入、场地和矿区使用费收入、特种矿产品出售收入、专项储备物资销售收入、利息收入、非经营性国有资产收入、出租车经营权有偿出让和转让收入、无居民海岛使用金收入及其他国有资源（资产）有偿使用收入九个项级科目，反映行政事业单位有偿转让国有资源（资产）使用权而取得的收入。⑥其他收入。该科目下设捐赠收入、动用国家储备粮油上交差价收入、国际赠款有偿使用费收入、免税商品特许经营费收入等十二个项级科目，反映行政事业单位除上述各款之外的收入。

3. 债务收入

债务收入分设如下两个科目：①国内债务收入。该科目下设国债发行收入、地方行政事业单位债券收入两个项级科目。②国外债务收入。该科目下设向外国政府借款收入、向国际组织借款收入、其他国外借款收入、地方向国外借款收入四个项级科目。

4. 转移性收入

转移性收入包括如下七个科目：①返还性收入。该科目下设增值税和消费税税收返还收入、所得税基数返还收入、成品油价格和税费改革税收返还收入、其他税收返还收入四个项级科目，反映地方一级行政事业单位收到上级行政事业单位的返还性收入。②一般性转移支付收入。该科目下设体制补助收入、均衡性转移支付补助收入、基本养老保险和低保等转移支付收入、调整工资转移支付补助收入等二十三个项级科目，反映中央行政事业单位和地方行政事业单位间以及各地方行政事业单位之间的一般性转移支付收入。③专项转移支付收入。该科目下设一般公共服务、外交、国防、公共安全、教育、科学技术、文化体育与传媒、社会保障和就业、医疗卫生、节能环保、城乡社区、农林水、交通运输、资源勘探电力信息等专项补助收入、专项上解收入等二十一个项级科目，反映中央行政事业单位和地方行政事业单位间以及各地方行政事业单位间的专项转移支付收入。④上年结余收入。该科目下设一般预算上年结余收入一个项级科目，反映一般预算的上年结余。⑤调入资金。该科目下设一般预算调入资金一个项级科目，反映同级行政事业单位预算不同性质资金、不同科目资金之间的调用形成的收入。⑥债券转贷收入。该科目下设转贷财政部代理发行地方行政事业单位债券收入一个项级科目，反映下级行政事业单位收到的上级行政事业单位转贷的财政部代理发行地方行政事业单位债券收入。⑦接受其他地区援助收入。

上述债务收入和转移性收入的项级科目均不设置目级科目。需要注意的是，上述的税收收入、非税收入、债务收入和转移性收入四类预算收入都是各级行政事业单位安排一般预算支出的资金来源，在编制总预算时都作为一般预算资金收入来处理。但在财政总预算会计中，这些收入发生时只有税收收入和除了国有资本经营收入以外的非税收入通过"一般预算收入"账户核算，其他都通过对应科目进行归集，如国有资本经营收入记入"国有资本经营预算收入"，债务收入分别对应"借入款""债务收入""债务转贷收入"进行核算，转移性收入分别对应"补助收入""上解收入""调入资金"科目进行核算。这些都说明行政事业单位收支分类科目并不等同于财政总预算会计科目，两者相互联系，但不能相互替代。

（二）组织预算收入执行的机关

我国组织预算收入执行的机关主要有各级财政部门、税务机关、海关、国库。

税务机关主要负责国家各项工商税收、企业所得税和由税务部门征收的其他预算收入等。财政部门主要负责征收国有资本经营收入、其他预算收入等非税收入，部分地方的契税和耕地占用税也由财政部门征收。海关主要负责对进出口的货物和各种物品、旅客行李等依法征收关税，为税务机关代征进出口产品的增值税、消费税，以及国家交办的涉及进出口产品的其他税收的征收管理工作。

国库是国家财政收支的出纳机关，负责预算收入的收纳、划分、报解和预算支出支拨工作。它包含两层意思：①国库是国家财政的"财政库"，是国家财政的总出纳机关；②国库是一个出纳机关，但不是单纯的收钱、付钱的现金出纳，而是参与组织和执行国家预算的专门机关。

我国国库机构，按照国家统一领导、分级管理的财政体制设立，原则上按照国家预算管理体制，有一级财政设立一级国库。国库分为总库、分库、中心支库、支库四级。根据《预算法》及其《实施条例》规定，我国国库分为中央国库和地方国库两套机构。县级以上必须设立国库；具备条件的乡、民族乡、镇也应设立国库，组成地方国库。中央国库业务由中国人民银行经理；地方国库业务由中国人民银行分支机构经理。

国库的职责具体包括：①准确及时地收纳各项国家预算收入。②按照财政制度的有关规定和银行的开户管理办法，为各级财政机关开立账户，根据财政机关填发的拨款凭证，及时办理同级财政库款的支拨。③对各级财政库款和预算收支进行会计账务核算。按期向上级国库和同级财政机关、征收机关报送日报、旬报、月报和年度决算报表，定期同财政、征收机关对账，以保证数字准确一致。④协助财政、征收机关组织预算收入及时缴库，根据征收机关填发的凭证核收滞纳金，根据国家税法协助财税机关扣收个别单位屡催不缴的应缴预算收入，按照国家财政制度的规定办理库款的退付。⑤组织管理和检查指导下级国库和国库经收处的工作，总结交流经验，及时解决存在的问题。⑥办理国家交办的同国库有关的其他工作。

国库的主要权限具体包括：①各级国库有权监督检查国库经收处和其他征收机关所收的款项是否按规定及时全部缴入国库，发现拖延或违法不缴的，应及时查究处理。②各级财政机关要正确执行国家财政管理体制规定的预算收入划分办法和分成留解比例。对于擅自变更上级财政机关规定的分成留解比例的，国库有权拒绝执行。③各级财政、征收机关应按照国家统一规定的退库范围、项目和审批程序办理退库。对不符合规定的，国库有权拒绝执行。④监督财政存款的开户和财政库款的支拨，对违反财政体制规定的，国库有权拒绝执行。⑤任何单位和个人强令国库办理违反国家规定的事项，国库有权拒绝执行，并及时向上级报告。⑥国库的各种缴库、退库凭证的格式、尺寸、各联的颜色、用途以及填写内容，按照《中华人民共和国国家金库条例实施细则》的规定办理，对不符合规定的缴退库凭证，或填写不准确、不完整的凭证，国库有权拒绝受理。

（三）预算收入的执行方式

国家预算收入是按照年度预算确定的收入任务，在预算执行中组织实现的。征收机关按照法律、法规完成资金的收取，必须按一定的方式把预算资金上缴国库；国库按资金内容进行划分、报解，对预算资金进行分级管理，保证本级财政的预算资金能及时全部缴入同级国库。

1. 预算收入的缴库

确定预算收入的缴库应按照既方便缴纳人完成缴纳预算收入的任务，又有利于预算收入及时入库的原则进行。按现行制度规定，预算收入的缴库方式分别采用就地缴库，集中缴库，税务机关、海关自收汇缴三种形式。

预算收入缴库的方法是根据收入的性质和缴款单位的不同情况分别规定的。各项税收按照国家税法规定的税目、计税依据和税率计征，并按照税款缴库的方法缴库。其他预算收入按有关规定执行。

缴纳预算收入应按规定凭缴款书办理。没有按规定正确填制缴款书的，各级国库都不办理预算收入的收纳入库。缴款书应由缴款单位或征收机关根据国家预算收入账户，一税一票（一种税收填一份缴款书），按预算账户的"款"级账户填制，个别账户填列"项"。缴款书所列内容必须填写齐全。缴款书是办理国库收款业务的主要依据，对国库会计核算工作的质量有直接的影响。因此，国库或国库经收处应对缴款书的真实性、合法性、完整性进行认真审核，拒绝受理不真实、不合法、不完整的缴款书。

2. 预算收入的划分

划分是把入库的预算收入按照其预算级次分开，属于需要分成的预算收入，按规定分成比例，办理预算收入的分成；属于上级的应上缴；属于本级的应划入本级财政金库。

在分税制财政体制下，预算收入分为固定收入和共享收入（亦称分成收入）。固定收入指固定为各级财政的预算收入，由中央固定收入和地方固定收入构成；共享收入按各级财政的财力情况按比例或其他方法进行分配。

（1）预算收入在中央与地方间的划分

中央固定收入包括关税以及海关代征的消费税和增值税，海洋石油资源税，消费税，中央所得税，中央企业上缴利润，铁道部门、各银行总行、保险总公司等集中缴纳的营业税、所得税、利润和城市维护建设税，地方银行和外资银行及非银行金融企业所得税等。

地方固定收入包括地方企业所得税（不含地方银行、外资银行及非银行金融企业所得税），地方企业上缴利润，个人所得税，城镇土地使用税，城市维护建设税（不含铁道部门、各银行总行、各保险总公司集中缴纳的部分），房产税，车船税，印花税，耕地占用税，土地增值税，国有土地有偿使用收入等。

中央与地方共享税包括国内增值税（中央75%，地方25%）；证券交易印花税（中央97%，地方3%）；资源税（海洋石油资源税归中央，其他归地方）等。

（2）地方各级预算收入的划分

在划分中央财政与地方财政的基础上，由上一级财政制定本级与下级之间的财政管理体制，地方各级预算收入根据各地情况按规定的划分方法执行。

二、专用基金收入的内容与核算

（一）专用基金收入的内容

专用基金收入是指财政部门按规定设置或者取得的具有专门用途的各项专用基金，如粮食风险基金等。专用基金收入主要有两个来源渠道：一是财政部门根据有关政策通过预算列支设置的，属于本级财政预算资金的使用；二是上级财政部门拨入的，以财政总预算会计实际收到的数额为准。

（二）专用基金收入的核算

为了核算各级财政部门按规定设置或取得的专用基金收入，应设置"专用基金收入"账户。该账户贷方登记各级财政按规定设置或取得的专用基金收入；借方登记年终转入"专用基金结余"账户的数额；平时的余额在贷方，反映财政部门当年专用基金收入累计数。年终转账后，该账户无余额。

财政部门从上级财政部门或通过本级预算支出安排取得专用基金收入时，借记"其他财政存款"账户，贷记"专用基金收入"账户；退回专用基金时，做相反的会计分录，借记"专用基金收入"账户，贷记"其他财政存款"账户。年终转账时，将该账户余额全部转入"专用基金结余"账户，借记"专用基金收入"账户，贷记"专用基金结余"账户。

三、债务收入及债务转贷收入的核算

地方财政总预算会计应设置"债务收入"和"债务转贷收入"两个收入类账户，以核算代理发行的地方政府债券收入。

（一）债务收入的核算

债务收入是指政府财政根据法律法规等规定，通过发行债券、向外国政府和国际金融组织借款等方式筹集的纳入预算管理的资金收入。债务收入应当按实际发行额或借入的金额入账。

"债务收入"科目应该按照《政府收支分类科目》中"债务收入"科目的规定进行明细核算，平时贷方余额反映债务收入的累计数。

1. 政府债券发行

省级以上政府财政收到政府债券发行收入时，按照实际收到的金额，借记"国库存款"科目，按照政府债券实际发行额，借记"债务收入"科目，按照发行收入和发行额的差额，借记或贷记有关支出科目；根据债务管理部门转来的债券发行确认文件等相关材料，按照到期应付的政府债券本金金额，借记"待偿债净资产—应付短期政府债券／应付长期政府债券"账户，贷记"应付短期政府债券""应付长期政府债券"等账户。

2. 借入主权外债

政府财政部门以政府名义向外国政府、国际金融组织等机构借入款项时，由于外方可能将贷款直接支付给借款的政府财政部门、用款单位或供应商，因此产生了不同的账务处理方式。

（1）外方将贷款直接支付给借款的财政部门

政府财政向外国政府、国际金融组织等机构借款时，按照借入的金额，借记"国库存款""其他财政存款"等科目，贷记"债务收入"科目；根据债务管理部门转来的相关资料，按照实际承担的债务金额，借记"待偿债净资产—借入款项"科目，贷记"借入款项"科目。

（2）外方将贷款资金直接支付给用款单位或供应商

本级政府财政借入主权外债，且由外方将贷款资金直接支付给用款单位或供应商时，应根据以下情况分别处理：

第一，本级政府财政承担还款责任，贷款资金由本级政府财政同级部门（单位）使用的，本级政府财政根据贷款资金支付相关资料，借记"一般公共预算本级支出"科目，贷记"债务收入"科目；根据债务管理部门转来的相关资料，按照实际承担的债务金额，借记"待偿债净资产—借入款项"科目，贷记"借入款项"科目。

第二，本级政府财政承担还款责任，贷款资金由下级政府财政同级部门（单位）使用的，本级政府财政根据贷款资金支付相关资料及预算指标相关文件，借记"补助支出"科目，贷记"债务收入"科目；根据债务管理部门转来的相关资料，按照实际承担的债务金额，借记"待偿债净资产—借入款项"科目，贷记"借入款项"科目。

第三，下级政府财政承担还款责任，贷款资金由下级政府财政同级部门（单位）使用的，本级政府财政根据贷款资金支付相关资料及预算指标相关文件，借记"债务转贷支出"科目，贷记"债务收入"科目；根据债务管理部门转来的相关资料，按照实际承担的债务金额，借记"待偿债净资产—借入款项"科目，贷记"借入款项"科目；同时，借记"应收外债转贷款"科目，贷记"资产基金—应收外债转贷款"科目。

3. 年终转账

年终转账时，"债务收入"科目下"专项债务收入"明细科目的贷方余额应按照对应的政府性基金种类分别转入"政府性基金预算结转结余"相应明细科目，借记"债务收入—专项债务收入"明细科目，贷记"政府性基金预算结转结余"科目；"债务收入"科目下其他明细科目的贷方余额全数转入"一般公共预算结转结余"科目，借记"债务收入—其他"明细科目，贷记"一般公共预算结转结余"科目。结转后，"债务收入"科目无余额。

（二）债务转贷收入

债务转贷收入是指本级政府财政收到上级政府财政转贷的债务收入。债务转贷收入应当按照实际收到的转贷金额入账。

为了核算省级以下（不含省级）政府财政收到的上级政府财政转贷的债务收入，省级以下（不含省级）财政总预算会计应设置"债务转贷收入"科目。该科目下应当设置"地方政府一般债务转贷收入""地方政府专项债务转贷收入"明细科目。

1. 地方政府债券转贷收入

省级以下（不含省级）政府财政收到地方政府债券转入收入时，按照实际收到的金额，借记"国库存款"科目，贷记"债务转贷收入"科目；根据债务管理部门转来的相关资料，按照到期应偿还的转贷款本金金额，借记"待偿债净资产—应付地方政府债权转贷款"科目，贷记"应付地方政府债券转贷款"科目。

2. 主权外债转贷收入

省级以下（不含省级）政府财政收到主权外债转贷收入的具体账务的处理方式如下：

本级财政收到主权外债转贷资金时，借记"其他财政存款"科目，贷记"债务转贷收入"科目；根据债务管理部门转来的相关资料，按照实际承担的债务金额，借记"待偿债净资产—应付主权外债转贷款"科目，贷记"应付主权外债转贷款"科目。

从上级政府财政借入主权外债转贷款，且由外方将贷款资金直接支付给用款单位或供应商时，应根据以下情况分别处理：①本级政府财政承担还款责任，贷款资金由本级政府财政同级部门（单位）使用的，本级政府财政根据贷款资金支付相关资料，借记"一般公共预算本级支出"科目，贷记"债务转贷收入"科目；根据债务管理部门转来的相关资料，按照实际承担的债务金额，借记"待偿债净资产—应付主权外债转贷款"科目，贷记"应付主权外债转贷款"科目。②本级政府财政承担还款责任，贷款资金由下级政府财政同级部门（单位）使用的，本级政府财政根据贷款资金支付相关资料及预算文件，借记"补助支出"科目，贷记"债务转贷收入"科目；根据债务管理部门转来的相关资料，按照实际承担的债务金额，借记"待偿债净资产—应付主权外债转贷款"科目，贷记"应付主权外债转贷款"科目。③下级政府财政承担还款责任，贷款资金由下级政府财政同级部门（单位）使用的，本级政府财政根据贷款资金支付相关资料，借记"债务转贷支出"科目，贷记"债务转贷收入"科目；根据债务管理部门转来的相关资料，按照实际承担的债务金额，借记"待偿债净资产—应付主权外债转贷款"科目，贷记"应付主权外债转贷款"科目；同时，借记"应收主权外债转贷款"科目，贷记"资产基金—应收主权外债转贷款"科目。下级政府财政根据贷款资金支付相关资料,借记"一般公共预算本级支出"科目,贷记"债务转贷收入"科目;根据债务管理部门转来的相关资料,按照实际承担的债务金额,借记"待偿债净资产——应付主权外债转贷款"科目,贷记"应付主权外债转贷款"科目。

3. 年终转账

年终转账时,"债务转贷收入"科目下的"地方政府一般债务转贷收入"明细科目的贷方余额全数转入"一般公共预算结转结余"科目,借记"债务转贷收入"科目,贷记"一般公共预算结转结余"科目。"债务转贷收入"科目下的"地方政府专项债务转贷收入"明细科目的贷方余额按照对应的政府性基金种类分别转入"政府性基金预算结转结余"相应明细科目,借记"债务转贷收入"科目,贷记"政府性基金预算结转结余"科目。结转后,"债务转贷收入"科目无余额。

四、资金调拨收入的内容和核算

(一)资金调拨收入的内容

资金调拨收入是根据财政体制规定,在地方与中央、地方与地方各级财政之间进行资金调拨所形成的收入以及本级财政各项资金之间的调拨所形成的收入,它包括补助收入、上解收入和调入资金等。

1. 补助收入

补助收入是指上级财政部门按财政体制规定或专项资金需要补助给本级财政的款项。它主要包括以下内容:①税收返还收入;②按财政体制规定由上级财政补助的款项;③上级财政对本级财政的专项补助和临时性补助。

2. 上解收入

上解收入是指按财政体制规定由下级财政上交给本级财政的款项。它主要包括以下内容:①按体制规定由国库在下级预算收入中直接划解给本级财政的款项;②按体制结算后由下级财政补缴给本级财政的款项和各种专项上解款项。

3. 调入资金

调入资金是指本级财政为平衡一般预算收支，从其他预算调入资金；或者为了平衡基金预算收支而从其他预算调入资金，以补充政府性基金预算收入来源。调入资金须按国家规定，并经过有关部门批准。

（二）资金调拨收入的核算

为了核算和监督各级财政调拨收入的执行情况，需设置"补助收入""上解收入""调入资金""地区间援助收入"科目。

1. "补助收入"科目

该科目用来核算上级财政部门拨来的补助款。该科目的贷方记录收到上级拨入的补助款或通过"与上级往来"债务转入的补助款；借方记录退还上级补助和年终转入"一般公共预算结转结余"的数额。该科目平时的余额在贷方，反映上级补助收入累计数；年终转账后，该科目无余额。上级财政的"补助支出"科目数额应等于下级财政的"补助收入"科目数额。有基金预算补助收入的地区，应将基金预算补助通过明细科目核算，年终结转时，应全数转入"政府性基金预算结转结余"科目。

收到上级拨入的补助款时，借记"国库存款"科目，贷记"补助收入"科目；通过"与上级往来"将债务转为补助款时，借记"与上级往来"科目，贷记"补助收入"科目；退还上级补助款时，借记"补助收入"科目；贷记"国库存款"科目；年终结账时，借记"补助收入"科目，贷记"一般公共预算结转结余""政府性基金预算结转结余"科目。

2. "上解收入"科目

该科目用来核算下级财政上缴的预算上解款。该科目的贷方登记下级财政按规定上解的预算数；借方登记退回给下级的上解款。该科目平时余额在贷方，反映下级上解收入累计数；年终转账后，该科目无余额。本级财政的"上解收入"科目数额应等于所属下级财政的"上解支出"科目数额。该科目按上解地区设明细账。

财政部门收到下级上缴预算款时，借记"国库存款"科目，贷记"上解收入"科目；退回下级上缴款时做相反的会计分录。年终转账时，借记"上解收入"科目，贷记"预算结余""基金预算结余"科目。

3."调入资金"科目

该科目用来核算各级财政部门因平衡一般预算（基金预算）收支从其他预算调入的资金。该科目贷方记录调入数，调入资金时，借记"调出资金"科目，贷记"调入资金"科目；同时，借记"国库存款"科目，贷记"其他财政存款"等科目；年终将其贷方余额转入"预算结余""基金预算结余"科目。

4."地区间援助收入"科目

该科目用来核算受援方政府财政收到援助方政府财政转来的可统筹使用的各类援助、捐赠等资金收入。该科目应当按照援助地区及管理需要进行相应的明细核算。该科目的平时贷方余额反映地区间援助收入的累计数。政府财政收到援助方政府财政转来的资金时，借记"国库存款"科目，贷记"地区间援助收入"科目。年终转账时，该科目贷方余额全数转入"一般公共预算结转结余"科目时，借记"地区间援助收入"科目，贷记"一般公共预算结转结余"科目。年终结转后，该科目无余额。

五、调入预算稳定调节基金

调入预算稳定调节基金是为弥补财政短收年份预算执行收支缺口而调用的预算稳定调节基金，其资金来源依赖各级财政历年积累的预算结余资金。

六、财政专户管理资金收入的核算

为了核算和监督各级财政未纳入预算并实行财政专户管理的财政收入的执行情况，应设置"财政专户管理资金收入"科目。该科目贷方登记各级财政部门按规定组织的属于地方预算外资金范围的各项收入；借方登记年终将累计预算外收入转入"财政专户管理资金结余"科目的数额；结转后，该科目无余额。

财政专户管理资金收入以缴入财政专户实际数额进行计量。财政总预算会计收到财政专户管理资金收入时，借记"其他财政存款"科目，贷记"财政专户管理资金收入"科目；年终结账转账时，借记"财政专户管理资金收入"科目，贷记"财政专户管理资金结余"科目。

第二节　行政事业单位的支出核算

一、预算支出管理与核算

（一）预算支出的执行

预算支出的执行由财政部门负责组织指导和监督，由各支出预算部门和单位具体负责执行。财政部门主管预算资金的分配和供应，各支出预算部门和单位按照预算规定的用途具体负责资金的运用。

1. 预算支出的基本要求

为了保证预算支出的正确执行，及时合理地供应和使用资金，应按照如下要求执行：①坚持按支出预算执行，未经批准不得自行突破预算、扩大开支；②严格管理预算支出，不得擅自扩大开支范围、提高开支标准；③贯彻勤俭节约、实事求是的精神，讲求资金使用效益。

2. 预算拨款原则

为了保证预算支出的顺利进行，预算拨款应坚持下列原则：①按预算计划拨款，不能办理无预算、无计划或超预算、超计划的拨款；②按事业进度拨款，防止资金的积压和浪费；③按核定的支出用途拨款；④按预算级次拨款。

3. 预算拨款的方法

预算拨款由主管部门先提出申请，经财政部门审查后签发拨款凭证，由国库统一办理。国库在收到财政机关的拨款凭证后，经审查无误即应在同级财政存款额度内支付，并且只办理转账，不付现金。

预算拨款方式一般有划拨资金和限额拨款两种。

划拨资金是财政部门根据主管部门的申请，签发拨款凭证，通过国库办理库款拨付手续，将预算资金直接转入用款主管部门的"经费存款户"，再由主管部门开出银行结算凭证将款转拨到所属用款单位"经费存款户"的一种预算拨款方法。该方法一般每月一次或分次拨付。目前，除基建拨款外，地方各级财政部门的预算拨款，都采用此方法。

限额拨款是财政部门根据主管部门的申请，核定用款限额，给用款单位开出"限额通知书"，分季或分期下达用款额度，并通知申请用款单位和其开户银行。各用款单位要在其限额内从其开户银行支用或转拨所属单位。月末银行根据各单位支取数与财政部门结算。目前，中央级事业行政经费和基建拨款实行限额拨款方法。

4. 预算支出的核算基础

预算支出的拨款过程涉及预算拨款数、银行支出数和实际支出数。

预算拨款数指各级财政机关根据核定的预算分期拨给各单位的预算资金数或下达的经费限额。此数一般大于银行支出数和实际支出数。

银行支出数指各基层单位在核定的预算范围内，从银行存款中支取的资金数。银行支出数是各级财政部门核算总预算支出的数字基础，也是财政部门和主管部门结算预算拨款、计算年终包干结余的依据。此数一般大于实际支出数。

实际支出数指基层单位从银行支取款项后实际消耗掉的资金数，是核定单位预算支出的数字基础，也是各单位支出报销的数字依据。

银行支出数大于实际支出数的差额为银行支取未报数，是用款单位已从银行支取、尚未向财政报销的数额，一般表现为用款单位周转性的库存材料、现金和一部分待结算的暂付款项，是用款单位执行支出预算所需周转使用的资金。

（二）预算支出的支付方式

在国库单一账户制度下，一般预算支出的支付方式主要分为财政直接支付和财政授权支付两种。

1. 财政直接支付方式

财政直接支付是指由财政部门开具支付令，通过国库单一账户体系，直接将财政资金支付到供应商或收款人（用款单位）账户。实行财政直接支付的财政性资金包括工资支出、工程采购支出、物品和服务采购支出。

在财政直接支付方式下，预算单位按照批复的部门预算和资金使用计划，提出支付申请。财政直接支付的申请由一级预算单位汇总，填写"财政直接支付汇总申请书"，报财政部国库支付执行机构。财政部国库支付执行机构根据批复的部门预算和资金使用计划及相关要求，对一级预算单位提出的预算申请审核无误后，开具"财政直接支付汇总清算额度通知单"和"财政直接支付凭证"，经财政部国库管理机构加盖印章签发后，分别送至中国人民银行和代理银行。代理银行根据"财政直接支付凭证"及时将资金直接支付给收款人或用款单位。代理银行依据财政部国库支付执行机构的支付令，将当日实际支付的资金，按一级预算单位分预算科目汇总，附实际支付清单，与国库单一账户进行资金清算。

代理银行根据"财政直接支付凭证"办理支出业务后，开具"财政直接支付入账通知书"，发至一级预算单位和基层单位。"财政直接支付入账通知书"作为一级预算单位和基层预算单位收到或付出款项的凭证。一级预算单位负责向二级或多级预算单位提供收到和付出款项的凭证。预算单位根据收到的支付凭证做好相应会计核算。

2. 财政授权支付方式

财政授权支付是国库集中支付的另一种方式，是指预算单位按照部门预算和用款计划确定资金用途，根据财政部门的授权，自行开具支付令送代理银行，通过国库单一账户体系中的单位零余额账户或特设专户，将财政性资金支付到收款人或用款单位账户。财政授权支付的支出范围是除财政直接支付支出以外的全部支出。它具体包括：单件物品或单项服务购买额不足 10 万元人民币的购买支出，年度财政投资不足 50 万元人民币的工程采购支出，经财政部批准的其他支出。

在财政授权支付方式下，预算单位按照批复的部门预算和资金使用计划，申请授权支付的月度用款限额；财政授权支付的月度用款限额申请由一级预算单位汇总，报财政部门国库支付执行机构。财政部门根据批准的一级预算单位用款计划中月度授权支付额度，每月 25 日前以"财政授权支付汇总额度通知单""财政授权支付额度通知单"的形式分别通知中国人民银行、代理银行。

代理银行在收到财政部门下达的"财政授权支付额度通知单"后，向相关预算单位发出"财政授权支付额度到账通知书"。代理银行根据"财政授权支付额度通知单"受理预算单位财政授权支付业务，控制预算单位的支付金额，并与国库单一账户进行资金清算。

预算单位支用授权额度时，填制财政部门统一制定的"财政授权支付凭证"（或新版银行票据和结算凭证）送代理银行，代理银行根据"财政授权支付凭证"，通过零余额账户办理资金支付。

（三）预算支出列报口径

预算支出列报口径如下：①实行限额管理的基本建设支出按用款单位银行支出数列报支出；不实行限额管理的基本建设支出按拨付用款单位的拨款数列报支出。②对行政事业单位的非包干性支出和专项支出，平时按财政拨款数列报支出，清理结算收回拨款时，再冲销已列支出；对于收回以前年度已列支出的款项，除财政部门另有规定外，应冲销当年支出。③除上述两款以外的其他各项支出均以财政拨款数列报支出。

凡是预拨以后各期的经费，不得直接按预拨数列作本期支出，应作为预拨款处理。到期后，按前述规定列报口径处理。

（四）预算支出的管理要求

财政总预算会计按拨款数办理预算支出时，必须做到以下几点：①严格按规范文件办理。办理拨款支出必须以预算为准，预备费的动用必须经同级行政事业单位批准。②认真审核预算单位的用款申请。对主管部门（主管会计单位）提出的季度分月用款计划及分"款""项"填制的"预算经费请拨单"，应认真审核。根据经审核批准的拨款申请，结合库款余存情况按时向用款单位拨款。③及时核算、列报支出。财政总预算会计应根据预算管理的要求和拨款的实际情况，分"款""项"核算、列报当期预算支出。④按计划专款专用。主管会计单位应按计划控制用款，不得随便改变资金用途。"款""项"之间如确需调剂，应填制"科目流用申请书"，报经同级财政部门核准后使用。

（五）预算支出的核算

1. 一般公共预算本级支出

为了核算和监督各级财政总预算会计办理的应由预算资金支付的支出情况，应设置"一般公共预算本级支出"科目。该科目借方登记各级财政总预会计办理的应由预算资金支付的各项支出，包括财政总预算会计办理的直接支出，通过预拨行政事业单位经费转列的支出，以及建设银行报来的基建支出数；贷方登记冲回数及年终将借方累计余额转入"一般公共预算结转结余"科目的数额；结转后，该科目无余额。该科目应该按"支出功能分类科目"下应列入一般预算支出的类、款、项科目分设相应明细账。

财政总预算会计办理一般预算支出时，借记"一般公共预算本级支出"科目，贷记"国库存款"等科目；将预拨预算单位的经费转列支出时，借记"一般公共预算本级支出"科目，贷记"预拨经费"科目；支出收回或冲销转账时，借记"国库存款"等相关科目，贷记"一般公共预算本级支出"科目。年终结账转账时，借记"一般公共预算结转结余"科目，贷记"一般公共预算本级支出"科目。

2. 政府性基金预算本级支出

（1）政府性基金预算本级支出的内容及分类

政府性基金预算本级支出是财政预算部门用政府性基金预算本级收入安排的各项支出。与一般公共预算本级支出相比，政府性基金预算本级支出具有专款专用的特征。政府性基金预算本级支出被纳入政府预算管理，属于政府预算内支出。基金预算支出分为类、款、项三级。基金预算支出分设十五类，具体划分为：科学技术支出（设一款），文化体育与传媒支出（设一款），社会保障和就业支出（分设两款），节能环保支出（分设两款），城乡社区支出（分设八款），农林水支出（分设六款），交通运输支出（分设七款），资源勘探电力信息等支出（分设五款），商业服务业等支出（设一款），金融支出（设一款），其他支出（分设四款），转移性支出（分设四款），债务还本支出（设一款），债务付息支出（设一款），债务发行费用支出（设一款）。

政府性基金预算本级支出的会计业务处理，比照一般公共预算本级支出的有关规定办理。财政总预算会计在管理和核算政府性基金预算本级支出时还应遵循"先收后支，分项核算"的要求。

（2）政府性基金预算本级支出的管理原则

政府性基金具有非常强的专用性，收入按标准，支出按规定，专款专用。因此，财政总预算会计在管理和核算基金预算支出时，应遵循以下基本原则：①先收后支，自求平衡。财政总预算会计在办理基金预算支出时，必须认真审查是否有足够的基金预算收入，即"各项目的历年滚存结余＋本年已实现收入－本年已支拨数"要大于或等于申请拨款数；否则，即使符合计划，也不得拨付。②专款专用，分项核算。基金预算收入应当用于相应的基金预算支出，各项基金预算收入与基金预算支出之间不能相互调剂。

（3）政府性基金预算本级支出的核算

为了核算各级财政部门用基金预算收入安排的支出，应设置"政府性基金预算本级支出"科目。该科目的借方记录发生的基金预算支出；贷方记录收回支出或冲销转账数；平时余额在借方，反映当年基金支出累计数，年终转入"政府性基金预算结转结余"科目，结转后，该科目无余额。该科目根据"政府性基金预算本级支出"科目（不含基金预算调拨支出数）设置明细账。

发生基金预算支出时，借记"政府性基金预算本级支出"科目，贷记"国库存款""其他财政存款"等有关科目；支出收回或冲销转账时，做相反的会计分录。年终将"政府性基金预算本级支出"科目余额全数转账时，借记"政府性基金预算结转结余"科目，贷记"政府性基金预算本级支出"科目。

3. 国有资本经营预算本级支出

（1）国有资本经营预算本级支出的内容及分类

国有资本经营预算本级支出是各级财政部门用国有资本经营预算本级收入安排的支出。国有资本经营预算本级支出主要包括：①根据产业发展规划、国有经济布局和结构调整、国有企业发展的要求，以及国家战略、安全等需要，安排的资本性支出；②用于弥补国有企业改革成本等方面的费用性支出；③依据国家宏观经济政策以及不同时期企业改革和发展任务，统筹安排确定的其他支出。

国有资本经营预算支出的层次划分及类别内容，基本跟一般预算支出及基金预算支出一样，科目层次划分也是分为类、款、项三级。国有资本经营预算支出分设三类：社会保障和就业支出、国有资本经营预算支出和转移性支出。

（2）国有资本经营预算本级支出的核算

为了核算各级财政部门用国有资本经营预算收入安排的支出，应设置"国有资本经营预算本级支出"科目。该科目的借方记录发生的国有资本经营预算支出；贷方记录收回支出或冲销转账数；平时余额在借方，反映当年国有资本经营支出累计数，年终转入"国有资本经营预算结转结余"科目，结转后，该科目无余额。该科目根据"国有资本经营预算本级支出"科目（不含国有资本经营预算调拨支出数）设置明细账。

发生国有资本经营预算支出时，借记"国有资本经营预算本级支出"科目，贷记"国库存款"科目；支出收回或冲销转账时，做相反的会计分录。年终将"国有资本经营预算本级支出"科目余额全数转账时，借记"国有资本经营预算结转结余"科目，贷记"国有资本经营预算本级支出"科目。

二、专用基金支出的管理与核算

（一）专用基金支出的内容及特点

专用基金支出是各级财政用专用基金收入安排的支出，包括粮食风险基金支出、粮食政策性挂账利息费用补贴支出、国家储备粮油补贴支出等。作为具有特定用途的资金，专用基金在管理和核算上必须遵循"先收后支、量入为出、专款专用"的原则。专用基金支出实行计划管理，按照规定的用途和使用范围办理支出。各项基金未经上级主管部门批准不得挪作他用。年终结余可结转至下年继续使用。

相对于基金预算支出，专用基金支出具有如下特点：

1. 专门性

专用基金支出属于专门资金，实行专款专用原则，年度结余只能用于下一年的该项支出，而不能用于平衡预算；专用基金适用于行政事业单位某一具体的专门行为，并委托下级行政事业单位执行。

2. 委托性

专用基金的资金来源主要是行政事业单位的一般预算资金，也可以是基金预算资金。只有采用年终结余单独结转下年方式管理的那些资金才属于专用基金。

（二）专用基金支出的核算

为了核算各级财政部门用专用基金收入安排的支出，应设置"专用基金支出"科目。该科目借方登记发生的专用基金支出数；贷方登记支出收回数；余额在借方，反映专用基金支出累计数，于年终从贷方全数转入"专用基金结余"

科目，结转后该科目无余额。

发生专用基金支出时，借记"专用基金支出"科目，贷记"其他财政存款"科目；收回支出时，做相反的会计分录。年终结账时，借记"专用基金结余"科目，贷记"专用基金支出"科目。

三、债务还本支出和债务转贷支出的核算

（一）债务还本支出

债务还本支出是指政府财政偿还本级政府承担的债务本金支出。

为了核算政府财政偿还本级政府财政承担的纳入预算管理的债务本金支出，财政总预算会计应设置"债务还本支出"科目。该科目应当设置明细科目。该科目平时借方余额反映债务还本支出的累计数。

政府财政偿还本级政府财政承担的政府债券、主权外债等被纳入预算管理的债务本金时，借记"债务还本支出"科目，贷记"国库存款""其他财政存款"等科目；根据债务管理部门转来相关资料，按照实际偿还的本金金额，借记"应付短期行政事业单位债券""应付长期政府债券""借入款项""应付地方政府债券转贷款""应付主权外债转贷款"等科目，贷记"待偿债净资产"科目。

偿还政府财政承担的存量债务本金时，借记"债务还本支出"科目，贷记"国库存款""其他财政存款"等科目。

年终转账时，该科目下"专项债务还本支出"明细科目的借方余额应按照对应的政府性基金种类分别转入"政府性基金预算结转结余"相应明细科目，借记"政府性基金预算结转结余"科目，贷记"债务还本支出"科目（专项债务还本支出）。该科目下其他明细科目的借方余额全数转入"一般公共预算结转结余"科目，借记"一般公共预算结转结余"科目，贷记"债务还本支出"科目（其他明细科目）。结转后该科目无余额。

（二）债务转贷支出

债务转贷支出是指本级政府财政向下级政府财务转贷的债务支出。

为了核算本级政府财政向下级政府财政转贷的债务支出，财政总预算会计

应设置"债务转贷支出"科目。该科目下应当设置"地方政府专项债务转贷支出"明细科目，同时还应当按照转贷地区进行明细核算。该科目平时借方余额反映债务转贷支出的累计数。

1. 转贷地方政府债券

本级政府财政向下级政府财政转贷地方政府债券资金时，借记"债务转贷支出"科目，贷记"国库存款"科目；根据账务管理部门转来的相关资料，按到期应收回的转贷款本金金额，借记"应收地方政府债券转贷款"科目，贷记"资产基金—应收地方政府债券转贷款"科目。

2. 转贷主权外债资金

本级政府财政向下级政府财政转贷主权外债资金，且主权外债最终还款责任由下级政府财政承担的，相关账务处理方式如下：

本级政府财政支付转贷资金时，根据转贷资金支付相关资料，借记"债务转贷支出"科目，贷记"其他财政存款"科目；根据债务管理部门转来的相关资料，按照实际持有的债权金额，借记"应收主权外债转贷款"科目，贷记"资产基金—应收主权外债转贷款"科目。

外方将贷款资金直接支付给用款单位或供应商时，本级政府财政根据转贷资金支付相关资料，借记"债务转贷支出"科目，贷记"债务收入""债务转贷收入"科目；根据债务管理部门转来的相关资料，按照实际持有的债权金额，借记"应收主权外债转贷款"科目，贷记"资产基金—应收主权外债转贷款"科目；同时，借记"待偿债净资产"科目，贷记"借入款项""应付主权外债转贷款"等科目。

3. 年终转账

年终转账时，"债务转贷支出"科目下"地方政府一般债务转贷支出"明细科目的借方余额全数转入"一般公共预算结转结余"科目，借记"一般公共预算结转结余"科目，贷记"债务转贷支出（地方政府一般债务转贷支出）"科目。在"债务转贷支出"科目下"地方政府专项债务转贷支出"明细科目的借方余额全数转入"政府性基金预算结转结余"科目，借记"政府性基金预算结转结余"科目，贷记"债务转贷支出（地方政府专项债务转贷支出）"科目。结转后"债务转贷支出"科目无余额。

参考文献

[1] 白化峰.行政事业单位财政拨款收入的会计核算问题及对策 [J].商业文化，2022（10）：88-89.

[2] 陈丽君.浅谈行政单位和事业单位部分会计科目设置和会计处理 [J].知识经济，2016（13）：66-67.

[3] 崔刚.行政事业单位基于政府会计制度的财务监督探讨 [J].当代会计，2020（19）：157-158.

[4] 董斯成.对行政事业单位公务经费支出问题的探讨 [J].财政监督，2015（03）：47-48.

[5] 甘晓燕.行政事业单位国有资产管理问题研究 [J].质量与市场，2022（21）：88-90.

[6] 郭玉玲.行政事业单位固定资产管理问题研究 [J].质量与市场，2022（21）：91-93.

[7] 李丽.浅析行政事业单位国有资产收入会计核算 [J].商，2015（30）：134.

[8] 李晓军.县乡行政事业单位支出业务管理中存在的问题及对策 [J].财会学习，2020（07）：66+68.

[9] 梁珊珊.广东省 H 区行政事业单位资产与预算结合管理问题研究 [D].长春：吉林大学，2019.

[10] 吕亚男.行政事业单位政府采购内部控制问题研究 [D].济南：山东师范大学，2022.

[11] 孟琳.吉林省林业和草原局会计集中核算研究 [D].长春：吉林大学，2020.

[12] 钱灵慧.行政事业单位财务分析探讨 [J].中国乡镇企业会计，2019（10）：110-111.

[13] 孙晗.如何提高行政事业单位综合财务报告编制质量 [J].会计师，2021（06）：15-16.

[14] 孙婷.内控视角下 G 市行政事业单位预算绩效管理问题研究 [D].扬州：扬州大学，2022.

[15] 王艺霖.内部控制视角下 G 市司法局财务管理及风险防范研究 [D].长春：吉林大学，2022.

[16] 习永凯，肖刚，喻凯，李黎 . 新政府会计制度下行政事业单位收入费用表探讨 [J]. 财务与会计，2020（02）：61–64.

[17] 喻伯岑 . 行政事业单位财务报表信息失真问题研究 [D]. 长沙：湖南大学，2017.

[18] 张寒西 . 内部控制视角下行政事业单位专项资金管理研究 [D]. 石家庄：河北师范大学，2017.

[19] 张连忠 . 行政事业单位会计平行记账法改进分析 [J]. 财经界，2021（32）：87–88.

[20] 张云清 . "双体系"下行政事业单位财务管理优化研究 [D]. 南京：南京审计大学，2019.

[21] 赵颖 . 基于新常态下的行政事业单位加强非税收入管理的办法研究 [J]. 纳税，2021，15（25）：23–24.

[22] 周峰 . 新预算法视角下行政事业单位财务管理问题的研究 [D]. 北京：首都经济贸易大学，2015.

[23] 刘丽 . 加强行政事业单位国有资产管理的几点探讨 [J]. 中国乡镇企业会计，2022（09）：69–71.

[24] 李启明 . 新编行政事业单位会计实务 [M]. 北京：人民邮电出版社，2017.